北京宣传文化引导基金
BEIJING CULTURE GUIDING FUND
北京宣传文化引导基金资助项目

写给青少年的
伟大的抗美援朝

我们为什么能赢

胡海波 / 编著

北京科学技术出版社

图书在版编目（CIP）数据

写给青少年的伟大的抗美援朝．我们为什么能赢 / 胡海波编著．— 北京：北京科学技术出版社，2023.10（2025.1 重印）

ISBN 978-7-5714-3238-6

Ⅰ．①写… Ⅱ．①胡… Ⅲ．①爱国主义教育—中国—青少年读物 Ⅳ．① D647-49

中国国家版本馆 CIP 数据核字（2023）第 183233 号

策划编辑：许苏葵　赵子涵
责任编辑：陶宇辰　赵子涵
责任校对：贾　荣
图文制作：北京麦莫瑞文化传播有限公司
责任印制：吕　越
出 版 人：曾庆宇
出版发行：北京科学技术出版社
社　　址：北京西直门南大街 16 号
邮政编码：100035
电　　话：0086-10-66135495（总编室）　0086-10-66113227（发行部）
网　　址：www.bkydw.cn
印　　刷：北京盛通印刷股份有限公司
开　　本：710 mm × 1000 mm　1/16
字　　数：111 千字
印　　张：8.75
版　　次：2023 年 10 月第 1 版
印　　次：2025 年 1 月第 5 次印刷
ISBN 978-7-5714-3238-6

定 价：45.00 元

序　言

传承、弘扬伟大抗美援朝精神，我们正当时

1950年，为了祖国的和平与安宁，一批最可爱的人雄赳赳、气昂昂，跨过鸭绿江，毅然奔赴朝鲜，与当时世界上最强大的军队进行了一场惊天动地的较量。历经2年9个月舍生忘死的浴血奋战，中国人民志愿军最终赢得了抗美援朝战争的伟大胜利，为世界和平和人类进步事业做出了巨大贡献，也锻造出了伟大的抗美援朝精神。

在纪念中国人民志愿军抗美援朝出国作战70周年大会上，中共中央总书记、国家主席、中央军委主席习近平深刻阐述了抗美援朝精神的历史意义和时代价值：

“在波澜壮阔的抗美援朝战争中，英雄的中国人民志愿军始终发扬祖国和人民利益高于一切、为了祖国和民族的尊严而奋不顾身的爱国主义精神，

英勇顽强、舍生忘死的革命英雄主义精神，不畏艰难困苦、始终保持高昂士气的革命乐观主义精神，为完成祖国和人民赋予的使命、慷慨奉献自己一切的革命忠诚精神，为了人类和平与正义事业而奋斗的国际主义精神，锻造了伟大抗美援朝精神。

“伟大抗美援朝精神跨越时空、历久弥新，必须永续传承、世代发扬。”

为贯彻落实习近平总书记指示要求，全国中小学纷纷开展弘扬伟大抗美援朝精神“五个一”教育活动，引导中小学生铭记抗美援朝的艰辛历程和伟大胜利，缅怀先烈的英雄事迹和崇高精神，传承红色基因、赓续红色血脉，从小培养敢于斗争、善于斗争、知难而进、坚韧向前的意志品质。

历史是最好的教科书，而青少年时期正是学习历史知识，树立正确世界观、人生观、价值观的关键时期。《写给青少年的伟大的抗美援朝（全3册）》是由抗美援朝历史研究专家为青少年量身打造的展现抗美援朝战争全景、学习英雄事迹、传承和弘扬伟大抗美援朝精神、培养爱国主义情感的红色教育图书。

结合中共中央、国务院印发的《新时代爱国主义教育实施纲要》和中小学课标要求，我们将整套图书设计为《写给青少年的伟大的抗美援朝：不能忘却的伟大胜利》《写给青少年的伟大的抗美援朝：铭记英雄的故事》《写给青少年的伟大的抗美援朝：我们为什么能赢》3册。

《不能忘却的伟大胜利》按照抗美援朝战争发展的时间顺序，以代表性战斗和历史事件为脉络，详细讲述了从朝鲜内战爆发到中国决策出兵，经过志愿军以顽强的意志同以美国为首的“联合国军”进行的五大战役，最后迫使美国不得不同意停战谈判，取得最终伟大胜利的抗美援朝战争的全过程。

这本书可以让青少年了解抗美援朝战争的全景，铭记这段波澜壮阔的战争历史，其中生动详细的战斗情节带领青少年读者仿佛重回战争现场，切身感受志愿军的英勇战斗精神。该书在正文中穿插了“人物档案”“知识拓展”等板块，可以让青少年更好地理解真实历史。

《铭记英雄的故事》从个人和集体的角度出发，精选了抗美援朝志愿军模范英雄和功臣名单里具有代表性的志愿军英雄人物和英雄部队，详细刻画了他们在战场上所表现出来的意志品格，以及他们生活中的小故事，使英雄人物的形象更加丰满。伟大的胜利背后离不开不怕牺牲、勇于奉献的英雄群体。英雄是一个民族坚强不屈的脊梁，是一个社会价值导向的坐标。他们的精神激励着中国人民克服一切困难走向最终的胜利。

这本书可以让青少年了解英雄本出自平凡，日常生活中养成良好的意志品格才能铸就关键时刻挺身而出的英雄。该书为每个人物设计了“英雄档案”“英雄故事”和“英雄精神启示”这 3 个板块，结构清晰，有助于青少年更好地了解英雄事迹，向英雄致敬。

《我们为什么能赢》以青少年易于理解的凝练语言，通过互动问答的方式，解答了青少年对抗美援朝战争感兴趣的问题。这本书从历史背景、国际形势、出兵原因、决策过程、胜败分析、抗美援朝精神、战争胜利对中国的意义等多维度的视角分析了中国人民志愿军取得抗美援朝战争伟大胜利的更深层次的意义。

这本书可以让青少年更好地理解什么是伟大抗美援朝精神，以便在新时代更好地学习、传承、弘扬和实践这种精神。该书共 10 章，每章后都附有“知识拓展”和“抗美援朝小考场”板块，可以让青少年更全面、更系统、更清晰地掌握抗美援朝的历史知识脉络。

以上3本书主题鲜明，既单独成册，满足青少年对不同主题的学习需求，又可组合成套。这套书通过经典战役、英雄模范、胜利原因3个方面构成一个完整的抗美援朝战争历史知识体系，真实还原了抗美援朝战争的全貌。

从图书表现形式看，这套书配有数据图表、历史照片，更有《跨过鸭绿江》《冰血长津湖》《烈火邱少云》《黄继光堵枪眼》等手绘插图，以提高青少年的阅读兴趣，让青少年更好地理解历史。

在叙述方式和语言风格上，这套书以青少年喜闻乐见的叙述方式，简洁、通俗、生动地解读了这段中国人不可忘却的战争史。同时，这套书务力贴近青少年的阅读习惯，力求以抗美援朝战争历史故事作为切入点，回答中国出兵决策为什么意义深远、战争过程为什么艰苦卓绝、志愿军将士的英雄事迹为什么可歌可泣、抗美援朝战争为什么能赢等重大问题，为青少年讲清来龙去脉，剖析前因后果，引发新时代青少年的思考与共鸣。

青少年们，学习抗美援朝战争史，你就会了解中国军人是怎样用“钢少气多”力克“钢多气少”。这就是伟大的抗美援朝精神！

青少年们，学习抗美援朝战争史，你就会了解和平是要付出代价的。中国人民志愿军打败了侵略者，震动了全世界，奠定了新中国在亚洲乃至国际事务中的重要地位，彰显了新中国的大国地位。这一战，不仅让全世界对中国刮目相看，还充分展示了中国人民维护世界和平的坚定决心！

青少年们，学习抗美援朝战争史，你就会了解我们并没有生活在一个和平的年代，只是生活在一个和平的国家。如今，我们的祖国强大了！

19.7万多名英雄儿女为了祖国、为了人民、为了和平献出了宝贵生命。直到今天，在三八线附近的土地上还掩埋着许多志愿军烈士的遗骸，他们没有留下名字，也没有墓碑。祖国没有忘记，并多次用最高规格的隆重仪式迎接他们的英灵魂归故里。而我们更不能忘记。

一代人有一代人的责任，一代人有一代人的担当。少年强则国强，新时代的青少年是红色基因和民族记忆的传承者，是实现中华民族伟大复兴的生力军。

让我们通过这套《写给青少年的伟大的抗美援朝（全3册）》，回到那个战火纷飞的年代，重温抗美援朝战争的光辉历史，感受先辈们的家国情怀、无畏精神、坚韧作风和必胜信心，为成长进步注入不竭的动力，让奋斗的青春绽放出绚丽的花朵，共同建设更加美好的未来，以告慰长眠在地下的英灵。

70多年前，抗美援朝、保家卫国，他们正年轻；70多年后，传承、弘扬伟大抗美援朝精神，我们正当时。

刘建

中国人民解放军战略支援部队航天工程大学原副校长

著名军事专家

陆军少将

目 录

一 朝鲜战争是怎样爆发的 …… 1

1. 朝鲜问题的历史根源 …… 1
2. 朝鲜是怎样分裂的 …… 5
3. 美国是怎样干涉朝鲜战争的 …… 10

二 中国为什么要抗美援朝 …… 16

1. 美国干涉朝鲜内战并入侵中国台湾海峡 …… 16
2. 为什么说美国侵朝严重威胁了中国的安全 …… 19
3. 中国是如何严正警告美军不得越过三八线的 …… 24

三 中国是怎样决策出兵抗美援朝的 …… 28

1. 新中国在成立之初面临什么样的形势和任务 …… 28

2. 中央为应对战争做了什么准备 …… 31

3. 中央的出兵决策为什么如此慎重 …… 33

四 志愿军在运动战阶段是如何战胜强敌的 …… 44

1. 志愿军是怎样打好入朝第一战的 …… 44

2. 为什么说“月亮是中国人的” …… 47

3. 什么是打好运动战的关键 …… 51

五 如何看待政治工作与后勤保障在抗美援朝战争中的重要作用 …… 58

1. 发挥政治工作的优良传统 …… 58

2. 什么是抗美援朝运动 …… 61

3. 抗美援朝的总后方基地是如何发挥作用的 …… 66

4. 为什么说抗美援朝战争胜利，后勤有一半功劳 …… 68

六 为什么要以三八线附近为界进行“边打边谈” …… 76

1. 为什么要进行停战谈判 …… 76

2. 为什么说志愿军在朝鲜作战受到很多限制 …… 80

3. 中央是怎样指导停战谈判的 …… 84

七 志愿军是如何在阵地战阶段克敌制胜的 …… 90

1. 阵地战阶段的策略方针是什么 …… 90
2. 如何学会打阵地战 …… 92
3. 如何依托坑道进行攻防 …… 94

八 志愿军怎样“边打边建”，在战争中壮大自己 …… 100

1. 中国是如何争取苏联援助武器的 …… 100
2. 为什么说“边打边建”促成了军队现代化 …… 104
3. 为什么说“抗美援朝战争是个大学校” …… 107

九 什么是伟大抗美援朝精神 …… 112

1. 祖国和人民利益高于一切、为了祖国和民族的尊严而奋不顾身的爱国主义精神 …… 112
2. 英勇顽强、舍生忘死的革命英雄主义精神 …… 113
3. 不畏艰难困苦、始终保持高昂士气的革命乐观主义精神 …… 114
4. 为完成祖国和人民赋予的使命、慷慨奉献自己一切的革命忠诚精神 …… 115
5. 为了人类和平与正义事业而奋斗的国际主义精神 …… 116

十 为什么说抗美援朝战争是立国之战 …… 119

1. 打出了长期的和平环境 …… 119
2. 振奋了中国人民的精气神 …… 121
3. 奠定了新中国的大国地位 …… 122
4. 促进了国防和军队现代化 …… 123
5. 重塑了亚洲乃至世界的战略格局 …… 123

尾声 …… 125
主要参考文献 …… 127
图表来源 …… 128

一 朝鲜战争是怎样爆发的

1. 朝鲜问题的历史根源

朝鲜半岛概况

朝鲜半岛位于东亚，西临黄海，东临日本海，北面则是辽阔的东亚大陆。该半岛是东北亚的交通咽喉要道，它既是列强入侵东亚最便捷的途径，又是东亚国家抵抗入侵的天然桥头堡。

朝鲜半岛面积为 21.4 万余平方千米，南部气候宜人，是丰产的农业区，北部则山林茂密、矿产丰富。大小岛屿星罗棋布地分布于约 8700 千米长的海岸线边缘。朝鲜民族就繁衍生息于这样一个半岛上，并发展成为一个有着几千年历史的文明古国，14 世纪正式定国号为朝鲜。

朝鲜国名的意思是“朝日鲜明”，古称高丽。在历史上，朝鲜受半岛地理条件的限制，除与中国保持着密切的政治、经济、文化联系外，基本处于封闭状态，其人民在很大程度上过着与世隔绝的生活，保持着独特的民族发展轨迹。因此，西方国家将朝鲜称为神秘的“隐士王国”。

在漫长的中朝交往过程中，中国将儒家学说传播到朝鲜。因此，朝鲜深受儒家文化的熏陶，其人民知书达礼，注重孝道，喜着素净的白衣，被称为“白衣民族”。另外，朝鲜半岛山峦层叠，可耕种的土地仅占国土面积的

20%，使得朝鲜人在艰苦的生活磨炼中养成了吃苦耐劳的品格，并且天性和善、大胆奔放。

日本对朝鲜的野心

中国唐代时，朝鲜半岛上的割据政权百济多次攻打新罗，新罗向中国求援。唐高宗龙朔三年（663 年），新罗请求唐助其进攻百济，倭国（日本古称）应百济请求派兵干涉。唐代将领刘仁轨率水军在白江口遇上了倭军，唐军四战皆捷，焚烧倭军战船 400 艘，“烟焰涨天，海水皆赤”，倭军大败。经此一战，日本近 1000 年都不敢染指朝鲜半岛。

到了 16 世纪中国明朝万历年间，即日本战国末期，日本权臣丰臣秀吉用武力统一日本后，立即将侵略的矛头对准朝鲜和中国。丰臣秀吉把“图朝鲜，窥视中华”作为毕生志愿，曾派出 20 万大军跨过对马海峡，大举入侵朝鲜。但朝鲜军民不畏强暴、英勇抵抗，并在明军支援下，大败日军，粉碎了丰臣秀吉侵略朝鲜、征服大明王朝、称霸东亚的狂妄计划。

在中国封建王朝强盛时，中、日、朝三国关系相对稳定，日本就是有“图朝鲜，窥视中华”之心，也只能碰壁而归。但到了近代中国衰落时，这种平衡就被打破了，朝鲜半岛也很快陷入战乱。

日本在近代侵占朝鲜

从 19 世纪 30 年代起，英、法、美的炮舰一再轰开朝鲜的大门。朝鲜人民自发组织英勇抵抗，迎头痛击殖民主义强盗，使得 1866 年法国和美国的入侵、1871 年美国舰队的侵略都未能得逞。至今在朝鲜的历史博物馆里还陈列着一块“斥和碑”，上刻“洋夷侵犯，非战则和，主和卖国”和“戒我万年子孙”等碑文，显示了朝鲜人民反抗侵略的英勇气概。

1894 年中日甲午战争爆发，清王朝惨败于明治维新后崛起的日本，而弱小的朝鲜则沦为日本的战利品，从此一步步走向被奴役的深渊。1904—1905 年，日本又在日俄战争中打败了俄国，将当时的大韩帝国完全变成了日本控制下的“保护国”，只在形式上还保留着大韩帝国国王和政府。但野心勃勃的日本连这点可怜的“遮羞布”也不留的大韩帝国，1910 年 8 月，逼迫大韩帝国签订《日韩合并条约》，使朝鲜半岛完全沦为日本殖民地。

在长达 35 年的殖民统治中，日本殖民当局取缔了朝鲜人民的一切民主自由权利。为防止朝鲜人民起义，他们不仅没收了朝鲜百姓的武器，甚至强迫几家合用一把菜刀，而且还要用铁链子将菜刀拴在案板上。时至今日，朝鲜还有一些老人曾因被迫接受日语教育，几乎一句朝鲜话都不会说。

虽然日本人试图以铁腕统治来消灭朝鲜民族的斗志，但朝鲜人的爱国主义精神和独立运动的火焰从来没有被完全扑灭。朝鲜义士安重根在中国哈尔滨将侵略朝鲜的元凶、朝鲜首任统监伊藤博文送上了黄泉路。1910 年前后爆发的反日义兵斗争持续了将近 10 年。1919 年 3 月 1 日，朝鲜半岛爆发了反日起义，“朝鲜独立万岁”的口号响彻整个半岛。

中国辛亥革命后，以金九为代表的朝鲜独立人士大批流亡到中国上海，成立了朝鲜流亡政府。在中国“一 · 二八”淞沪抗战后，朝鲜独立党成员尹奉吉在上海虹口公园炸死了日军大将白川义则。在中国东北，大批朝鲜抗日游击队活跃在中朝边境，不时给日本侵略者以狠狠的打击。

在近代同样命运悲惨并沦为半殖民地的中国，在力所能及的范围内为朝鲜人民独立斗争提供了帮助。中国国民政府在上海庇护了流亡的朝鲜独立人士。在中国东北，中国共产党领导的抗日联军与朝鲜抗日游击队并肩作战，用鲜血凝成了钢铁般的友谊。

第二次世界大战后朝鲜卷入大国博弈

20 世纪 40 年代中期，第二次世界大战进入尾声，此时的日本在中、美、苏、英等同盟国的打击下，正在一步步地走向自我灭亡。长久以来被日本压迫的朝鲜民族也迎来了解放。

1943 年 11 月，中、美、英三国首脑蒋介石、富兰克林 · 罗斯福、温斯顿 · 丘吉尔在《开罗宣言》中声明："我三大盟国轸念朝鲜人民所受之奴役待遇，决定在相当时期，使朝鲜自由独立。"

1945 年 2 月，在德国法西斯即将覆灭的前夕，反法西斯同盟的苏、美、英"三巨头"约瑟夫 · 斯大林、富兰克林 · 罗斯福和温斯顿 · 丘吉尔在克里米亚半岛小城雅尔塔举行会议。

三方围绕分区占领德国、苏联参加对日作战和战后世界的安排等问题进行了商谈。就对日作战达成一致意见后，罗斯福提出由美、苏、中三国对朝鲜进行 20~30 年的托管。斯大林则表示"托管期愈短愈好"，此外还应邀请英国参加对朝鲜的托管。最终"三巨头"签订了《雅尔塔协定》。但朝鲜问题不仅没有按照"三巨头"的安排得到解决，反而愈加复杂化，为朝鲜战争的爆发埋下了伏笔。

德国法西斯投降后，1945 年 7—8 月，斯大林、杜鲁门、丘吉尔（后在大选中下台，换成新当选的首相艾德礼）在柏林西南的波茨坦举行会议。会议发表了《波茨坦协定》和《波茨坦公告》。公告重申了《开罗宣言》中有关朝鲜问题的内容，让朝鲜从日本奴役下恢复独立。

在会议期间，苏联通报了准备于 8 月 8 日对日本宣战。苏军总参谋长安东诺夫还在会谈中告诉美国陆军参谋长马歇尔，苏联在对日宣战后将登陆朝鲜。他问美国是否可以联合登陆，在朝鲜海岸采取军事行动。马歇尔回答说，在日本未被打败、日本在朝鲜的军事力量未被消灭以前，美国不准备在朝鲜实施两栖作战。

美国的如意算盘是把攻占朝鲜的任务连同“可能遭到的重大伤亡”留给苏联去承担，自己坐收渔利。1945 年 8 月 6 日，美军在日本广岛投下了原子弹。8 月 8 日，苏联对日宣战。苏军第 25 集团军突入朝鲜，对驻朝日军展开进攻，一路势如破竹。

此时，日本法西斯穷途末路，于 8 月 10 日决定投降。消息传到华盛顿，美国决策者慌了手脚，日本的投降来得太快，当时距朝鲜最近的美军尚位于数千千米以外的冲绳岛，而苏军已经进入朝鲜，随时可以席卷整个半岛。为阻止苏联独占朝鲜，美国的唯一方法就是尽快在朝鲜划定一条军事分界线，以使美、苏分别在朝鲜接受日军投降。这便形同在朝鲜划分了美、苏两国的势力范围，尚无自主能力的朝鲜就这样被动地卷入了大国博弈之中。

2. 朝鲜是怎样分裂的

三八线成为分裂之始

1945 年 8 月，在美国首都华盛顿，美国的国务院、陆军部、海军部三部协调委员会的官员正在召开紧急会议，研究在朝日本军队的投降问题。美国国务院的代表一开始就向军方提出，出于政治上的考虑，美国接受日本投降的区域要尽可能往北推移，以阻止苏联控制朝鲜全境。

那么，将日本军队在朝鲜的投降区域划到什么位置才能既满足美国国务院的政治要求，又符合美军的军事现状，而且还要苏联方面接受呢？

会议在激烈的争论中持续到凌晨 1 时，仍没有拿出一个十全十美的方案。休会期间，助理国防部长约翰 · 麦克洛伊让陆军参谋处参谋迪安 · 腊斯克上校用 30 分钟时间拿出一个方案，以便会议讨论。

腊斯克和另一名参谋将朝鲜地图铺在桌上，在朝鲜半岛狭长的版图中搜索尽可能靠中间的位置，他突然注意到地图上的北纬 38 度线既可以把朝鲜半岛大体上分成两半，还能将首都汉城划至美军的受降区内。于是，他拿起一支红色铅笔在朝鲜地图上画出了一条直线。

一个完整的主权国家的命运就在这两个从未去过朝鲜的美军参谋手里改变了。腊斯克的方案很快在三部协调委员会上通过，并得到杜鲁门总统的批准。关键的问题是苏联能否接受这条由美国人划定的分界线？使美国感到意外的是斯大林没有对这条分界线表示异议，因为在斯大林看来，朝鲜半岛并不是苏联的核心利益所在。

8 月 15 日，日本接受《波茨坦公告》，宣布投降。西南太平洋地区盟军总司令道格拉斯 · 麦克阿瑟立即发出关于受降的总字第 1 号命令，其中确定以北纬 38 度线为界，命令朝鲜境内的日军在三八线以北者向苏军投降，在三八线以南者向美军投降。分裂朝鲜的三八线就这样定下来了。

与此同时，苏军仍马不停蹄地向朝鲜半岛北部进发，于 8 月 22 日占领平壤，23 日南下至三八线以南的开城，逼近汉城。美军总字第 1 号命令发布后，苏军撤出开城，撤到三八线以北地区。从 9 月 8 日开始，美军第 24 军军长霍奇少将率第 6、7、40 步兵师在朝鲜南部的仁川和釜山登陆，在经过不间断的机械化行军后，精疲力竭的美军终于到达三八线，占领了朝鲜半岛三八线以南地区。

这时整个朝鲜半岛沉浸在解放的喜悦之中，并没有人关注到这条分界线的真正含义。这条长约 248 千米的分界线斜穿朝鲜半岛，截断了 75 条小溪和 12 条河流，以不同的角度越过了高高的山脉，穿过了 181 条小路、104 条乡村土路、15 条道际全天候公路、8 条高级公路和 6 条南北铁路线。画这条线的人根本没有考虑地理特点，以及水路与陆路贸易的需要。就这样，美国和苏联为了各自的利益将朝鲜半岛以三八线为界划分为南北两部分。

“国际托管”很快化为泡影

在三八线以北，苏军宣布“朝鲜已成为自由的国家”，“苏军将在朝鲜一切反日民主政党广泛合作的基础上，帮助朝鲜人民建立自己的民主政府”。苏军除了设立警备司令部进行军事管制外，只是在第 25 集团军司令部内成立了一个“民政府”，负责朝鲜北部的民政事务。

在三八线以南，美国占领军司令霍奇宣布：美军在朝鲜的政策为“维持现状”。1945 年 9 月 19 日，美国在原日本总督府的基础上成立了南朝鲜“美国军政府”，把日本殖民统治的原有体制和行政机构原封不动地保留了下来，连日本警察都戴上了美国军政府的臂章，照样行使职权。

如此一来，美国开始“戴着意识形态的眼镜”来看待朝鲜问题了。朝鲜人民独立的愿望和日益增长的民族情绪让“三巨头”商定的“国际托管”的计划成为泡影。在这种形势下，美国调整政策，决心起用南朝鲜的右派政客，抢在苏联前面建立亲美政权。

1945 年 12 月，美、苏、英达成协议：由美苏两国占领军司令部的代表组成联合委员会，同朝鲜各民主政党和社会组织协商，协助组成临时朝鲜民主政府，在此之前则以 5 年托管期为限。这个协议公布后在朝鲜半岛引起公愤，朝鲜右派势力组成“反托管委员会”，强烈呼吁“朝鲜完全独立”，宣传“是苏联而不是美国在坚持托管”。苏联独自背上“国际托管”的“黑锅”，对美国的出尔反尔十分不满。

1947 年 10 月，美苏联合委员会不欢而散。在随即召开的第二届联合国大会上，美国操纵表决，决定设立联合国朝鲜临时委员会，在全朝鲜进行议会选举，然后成立朝鲜全国政府。至此，所谓的“国际托管”彻底化为泡影。

南北各立政权陷入分裂

1948 年 1 月，美国军政府在朝鲜半岛南部自行宣布 5 月举行大选。在选举那一天，几十个政党和团体拒绝参加，只有 30%的选民投了票。选出的国民议会炮制了一部“宪法”，把李承晚捧上了“大韩民国总统”的宝座。

美国选中的李承晚已是 75 岁高龄的老人，他曾就读于美国华盛顿大学、哈佛大学和普林斯顿大学，他的美国教育背景令美国人十分欣赏。李承晚的一生有 37 年是在美国度过的，以至于他刚回到朝鲜时只能说“夏威夷腔调的朝鲜话”。他虽然年事已高，但对于权力的憧憬和向往并不亚于年轻人，被美国人称为“激动好斗的独裁者”。

8 月 15 日，李承晚领衔的“大韩民国”政府在汉城粉墨登场。麦克阿瑟特地从东京飞来祝贺，并公开承诺：“我愿做我能做的一切来帮助和保卫朝鲜人民。我将像保卫美国免遭侵略一样去保卫他们……”这番话坚定了李承晚抱紧美国这条“大腿”、以武力统一全朝鲜的决心。

不久，经过美国的软硬兼施，第三届联合国大会不顾苏联等国家的反对，于 1948 年 12 月通过决议，给“大韩民国”政府贴上了“联合国承认”的标签。

1946 年 2 月，在朝鲜半岛北部，以金日成为首的北朝鲜临时人民委员会成立了。

金日成原名金成柱，生于朝鲜平安南道万景台，曾移居中国吉林，成年后投身抗日武装斗争，组建了朝鲜第一支人民武装力量——朝鲜人民革命军，创建了朝鲜抗日民族统一战线组织——祖国光复会并任会长，1945 年率部配合苏军解放朝鲜北部。金日成长期奋战在抗日斗争的前线，被推举为临时人民委员会委员长是众望所归。

在金日成的倡议下，1948 年 4 月，朝鲜半岛上双方共 56 个政党和社会团体的代表云集平壤，召开联席会议，反对南朝鲜进行单独“选举”，表示绝不承认南朝鲜单独选举的结果，要求撤走外国在朝鲜的驻军。

被誉为“韩国国父”的金九也发表声明，提出应由双方协商建立统一政府，并到平壤同金日成会谈。1948 年 8 月，北部朝鲜（含相当数量的南朝鲜选民）举行最高人民会议选举。9 月 2 日，朝鲜最高人民会议第一次会议在平壤开幕，通过了国家宪法，金日成被选为内阁首相、国家元首。9 月 9 日，朝鲜民主主义人民共和国正式成立。

至此，在朝鲜半岛上，同一个民族出现了两个意识形态完全不同的政权。两个政府都宣称自己对全国有管辖权。金日成背后是苏联，李承晚背后是美国和联合国朝鲜临时委员会。

第二次世界大战后，由于社会主义和资本主义两大阵营的对立而导致分裂的国家有两个：一个是德国，另一个是朝鲜。德国是二战轴心国的核心，是美苏同盟军的敌人，它的分裂始于胜利各方对战败国家的占领。而朝鲜作为一个日本法西斯统治的受害国也落得和德国一样被分裂的结局，这是历史的悲剧。

3. 美国是怎样干涉朝鲜战争的

派兵入侵朝鲜

1950 年 6 月 25 日凌晨 4 时左右，朝鲜内战爆发。因朝鲜与美国有 13 个小时的时差，此时相当于美国时间 6 月 24 日下午 3 时。这一天是星期六，晚 9 时左右，美国白宫接到驻汉城大使关于战争爆发须向南朝鲜提供援助的紧急电报。正在密苏里老家的美国总统杜鲁门于 25 日紧急乘坐专机返回华盛顿，召集国务卿迪安·艾奇逊以及军方高官和外交顾问在布莱尔大厦举行战略会议。

杜鲁门等美国军政要员认定，这是以苏联为首的社会主义阵营向以美国为首的资本主义阵营的挑战，是对美国抵御社会主义阵营“扩张决心”的一个试探，甚至是挑起全面战争的前奏。美国作为“自由世界”的“领袖”，必须要在朝鲜采取行动。于是，杜鲁门迅速做出了 3 项决策：

第一，直接支援李承晚部队作战，对朝鲜人民军实施海空联合袭击；

第二，对朝鲜半岛北部地区实施空袭；

第三，美军向战场投入地面作战部队。

就这样，杜鲁门根据“共产主义扩张”的阴谋论，做出了派美军入侵朝鲜的决策，使朝鲜内战迅速国际化，演变成一场侵略与反侵略的战争。

杜鲁门在扩大战争的道路上越走越远，6 月 30 日，他下令将美国驻日本的地面部队投入侵朝战争。接着，他又于 7 月 7 日下达了全国征兵令，决定扩充美国战斗部队，使美国的陆海空三军总兵力达到 200 多万人，准备以更大的军事力量进行侵朝战争。

炮制联合国决议

为使干涉朝鲜具有合法性，美国决心利用联合国这个幌子。杜鲁门批准艾奇逊把朝鲜问题提交联合国安全理事会（简称“联合国安理会”），这使得美国负责联合国事务的助理国务卿约翰·希克森开始忙碌起来了，他与美国驻联合国副代表欧内斯特·格罗斯（常任代表奥斯汀参议员正在度周末，无法联系）商议之后，便决定撇开一切正常程序，直接向联合国秘书长特里格夫·赖伊家里打电话，向他通报朝鲜事件，并说明了美国的建议。

《联合国宪章》规定，5 个常任理事国对联合国的决议有一票否决权。中华人民共和国成立后，中国在联合国及联合国安理会的席位被国民党的非法代表占据，因此中华人民共和国缺席。苏联为抗议美国的这一行径，支持恢复中华人民共和国在联合国安理会的合法席位，从 1950 年 1 月起拒绝派代表出席安理会会议，故也缺席。

希克森和格罗斯估计苏联代表雅克夫·马立克来不及返回安理会，因为他向苏联请示到批准需要较长时间。二人认为这正是美国钻空子的大好时机，如果马立克返回安理会，一定会毫不犹豫地行使否决权阻止安理会采取任何行动。于是，他们从 6 月 25 日凌晨开始紧急拿出提案，并乘飞机送到位于纽约的联合国总部。与此同时，美国通知安理会其他成员国代表，美国要求召开特别会议，督促他们迅速请求本国政府表态。

6 月 25 日下午 2 时，联合国安理会召开紧急会议，苏联代表马立克的位子果然是空的，格罗斯松了一口气。美国的提案企图把侵略的帽子扣在朝鲜民主主义人民共和国的头上，但法国、埃及、挪威、印度等国不同意这样的提法，认为这是朝鲜半岛上两个政权在打仗，应该把它看作一场内战，应对提案做更改，命令双方而不仅是金日成停火。美国代表则强硬地声称要通过提案，会议争吵了 4 个小时，最后以 9 票赞成、1 票弃权通过决议，并把“武装侵略”改为“对大韩民国的武装进攻”，认为北部朝鲜“构成了对和平的威胁”，请求联合国朝鲜临时委员会尽快地提出关于局势的建议。

对于艾奇逊来说，尽管这个决议不太合他的胃口，但还是为美国武装干涉朝鲜内政提供了借口。他开始同杜鲁门商议下一步如何让联合国为其行动开一张“合法”的凭据。

6 月 27 日下午 3 时许，安理会再次开会，否决了南斯拉夫代表提出的调解朝鲜半岛交战双方和解的提案，根据美国提案，以 7 票对 1 票（南斯拉夫投反对票，埃及和印度弃权）又通过一项决议，决议中说“必须用紧急的军事措施来恢复国际和平与安全”。美国建议联合国各会员国“向大韩民国提供为击退武装进攻并恢复该地区和平与安全所必需的援助”。

扯起“联合国军”大旗

6 月 30 日，美国操纵联合国安理会又通过了一项决议：授权美国指挥下的统一司令部调遣参加干涉朝鲜的各国部队，由美国指派司令官，并授权使用联合国的旗帜。7 月 10 日，杜鲁门随即指示参谋长联席会议给东京的美国远东军总司令道格拉斯 · 麦克阿瑟发电报，任命他为“联合国军”总司令。

美军占所谓的“联合国军”总数的 90%以上，其他 15 个国家，即英国、澳大利亚、荷兰、新西兰、加拿大、法国、菲律宾、土耳其、泰国、南非、希腊、比利时、卢森堡、哥伦比亚、埃塞俄比亚提供了数量不等的战斗部队。另外，瑞典、丹麦各派了一艘医疗船，印度、挪威和意大利派出了战地救护队。必须说明的是南朝鲜军并不属于“联合国军”，而是受其指挥。

随后，杜鲁门举行自朝鲜战争爆发以来的第一次记者招待会，将美国的武力干涉解释为“联合国采取的一次警察行动”。就这样，美国操纵联合国通过的几个决议给美国及其他国家侵略朝鲜披上了“合法”的外衣。

知识拓展

联合国

联合国是在第二次世界大战后成立的一个由主权国家组成的政府间国际组织。1945 年 10 月 24 日，在美国圣弗朗西斯科（旧金山）签订的《联合国宪章》生效，联合国正式成立。

联合国的宗旨是维护国际和平与安全；发展国际以尊重各国人民平等权利及自决原则为基础的友好关系；进行国际合作，以解决国际经济、社会、文化和人道主义性质的问题，并促进对于全体人类的人权和基本自由的尊重。

截至 2023 年 9 月，联合国有 193 个会员国，包括所有得到国际承认的主权国家。设有 2 个观察员国（梵蒂冈和巴勒斯坦），此外还邀请国际组织、非政府组织、实体参与联合国事务。

联合国安全理事会常任理事国是中、俄、美、英、法 5 个国家。

联合国总部在美国纽约，在瑞士日内瓦、奥地利维也纳、肯尼亚内罗毕、泰国曼谷、埃塞俄比亚的斯亚贝巴、黎巴嫩贝鲁特、智利圣地亚哥设有办事处。联合国工作语言有 6 种：中文、英文、法文、俄文、阿拉伯文、西班牙文。联合国首席行政长官是联合国秘书长。

知识拓展

三八线

三八线是朝鲜半岛上北纬38度附近的一条军事分界线。第二次世界大战末期，反法西斯同盟国协议以朝鲜半岛上北纬38度线作为苏美两国对日军事行动和受降范围的暂时分界线，北部为苏军受降区，南部为美军受降区。日本投降后，该纬度线成为大韩民国和朝鲜民主主义人民共和国两个政权的临时分界线，通称“三八线”。朝鲜战争停战后，根据《朝鲜停战协定》，在三八线的基础上调整南北军事分界线，划定临时军事分界线长约248千米，两侧各2000米内为非军事区，习惯上仍称其为三八线。需注意的是，三八线因邻近北纬38度而得名，但当前的军事分界线不等于北纬38度线，如由朝鲜实际控制的开城市就位于北纬38度以南。

抗美援朝小考场

1.16 世纪，中国援助朝鲜抗击日本侵略发生在什么朝代？	明朝万历年间
2. 近代以来哪个国家曾经侵占朝鲜？	日本
3. 什么是朝鲜南北分裂的标志线？	北纬 38 度线，通称三八线
4. 签署《开罗宣言》的三大盟国分别是哪三国？	中国、美国和英国
5. 做出入侵朝鲜决定的是哪一位美国总统？	杜鲁门
6.“联合国军”的实际指挥权掌握在哪个国家手里？	美国
7. 南朝鲜军属于以美国为首的“联合国军”吗？	不属于
8. 中国认为 1950 年 6 月 25 日在朝鲜半岛上爆发的战争的性质是什么？	朝鲜内战

二 中国为什么要抗美援朝

1. 美国干涉朝鲜内战并入侵中国台湾海峡

美国认定是社会主义阵营向“自由世界”的挑战

美苏两国本来就是社会制度和意识形态完全不同的国家，在二战中为了反法西斯的共同利益而临时结成了同盟。反法西斯战争胜利后，两国在国际事务上便立即转为尖锐的对立和斗争，并在国际上形成了以苏联为首的社会主义阵营和以美国为首的资本主义阵营。两大阵营的对立和斗争左右着世界政治形势的变化。

1949 年 8 月 29 日，苏联第一颗原子弹爆炸成功，打破了美国的核垄断。10 月 1 日，中华人民共和国成立，极大地增强了社会主义阵营的力量，改变了国际社会上两大阵营的力量对比。这两件大事联系在一起，促使美国调整了安全战略。1950 年 4 月 7 日，杜鲁门收到了一份文件——《国家安全委员会第 68 号文件》。该文件的基本内容就是以军事实力支持“遏制”政策，并强调进攻性。在这份文件中，美国把殖民地和半殖民地国家争取民族解放和独立的斗争，纯属内政事务的国家、民族统一运动，以及代表社会进步的民族民主革命等都视为对美国全球霸主地位的挑战和对“自由世界”的侵犯，对此，美国要迅速做出最激烈的反应，直至进行武装干预。

美国总统杜鲁门等决策者完全接受了该文件的逻辑推理方式与所确定的安全战略。朝鲜内战爆发后，他们的第一个反应就是荒谬地认为这是以苏联为首的社会主义阵营向“自由世界”发出的挑战，苏联显然是在蓄意发动第三次世界大战，至少是苏联对美国抵御社会主义阵营“扩张决心”的一个试探，或是挑起一场全面战争的前奏。作为“自由世界”的“领袖”，美国对此不能视而不见，美国必须在朝鲜采取行动。

杜鲁门在其回忆录中竭力为美国干涉朝鲜内战寻找“理由”：“我深切地感觉到，如果听任南朝鲜沦丧，那么共产党的领袖们就会越发狂妄地向更靠近我们海岸的国家进行侵略。如果容忍共产党人以武力侵入大韩民国，而不遭到自由世界的反对，那么，就没有哪一个小国会有勇气来抵抗来自较为强大的共产主义邻邦的威胁和侵略。如果对这种侵略行动不加以制止，那就会爆发第三次世界大战，正如由于类似的事件而引起了第二次世界大战一样。我还清楚地认识到，除非这次对朝鲜的攻击得到制止，否则联合国的基础和原则将受到威胁。”

将中国台湾当作“永不沉没的航空母舰”

中华人民共和国成立后，蒋介石国民党政权撤往中国台湾地区。美国当局认为美国已无法挽回在中国大陆的失败，即使再给蒋介石集团以军事援助也无济于事。

在这种情况下，美国当局调整了远东战略，确定了美国在远东和太平洋地区的岛屿防御圈。1950 年 1 月 5 日，美国总统杜鲁门在关于这个问题的声明中说：“美国对中国领土，包括其台湾地区从无掠夺的野心。现在美国无意在台湾获取特别权利或建立军事基地。美国亦不拟使用武装部队干预其现在的局势。”

1月12日，国务卿艾奇逊发表演说，“我们的防御半径沿阿留申群岛至日本，然后延续到琉球群岛。……从琉球群岛延至菲律宾群岛”。很明显，美国将朝鲜和中国台湾地区都划在了这个防御圈之外。

但是，美国作为“自由世界”的“领袖”和霸主，把以苏联为首的社会主义阵营看成是对世界安全的主要威胁，对共产主义采取全球遏制战略。因此，美国虽然将朝鲜和中国台湾地区划在了其军事战略范围之外，但并不意味着放弃朝鲜和中国台湾地区，而是等待时机，随时准备寻找借口以实施直接军事入侵。

在中国和苏联于1950年2月签订了《中苏友好同盟互助条约》之后，美国军方及其国务院强烈要求对杜鲁门于1月5日发表的关于中国台湾问题的声明进行修改。远东美军总司令麦克阿瑟更是公然声称，（中国）台湾应是美国的一艘“永不沉没的航空母舰”，绝不能落入共产党手中。到1950年6月，美国武装阻止中国人民解放军解放台湾和对台湾实施军事占领的决心已定，只是在等待时机。

朝鲜内战爆发给予了美国入侵中国台湾海峡的借口。杜鲁门在白宫发表声明：“我已命令美国的海空部队给予韩国政府部队以掩护及支持。”“因此，我已命令第七舰队阻止对（中国）台湾的任何进攻。作为这一行动的应有结果，我已要求蒋介石政府停止对（中国）大陆的一切攻击。第七舰队将监督此事的实行。（中国）台湾未来地位的决定必须等待太平洋安全的恢复，对日和约的签订或经由联合国的考虑。”

这个声明发布后不到24小时，周恩来就代表中国政府严厉驳斥了杜鲁门的声明，把它看作对中国主权的直接挑衅。毛泽东也在一次讲话中说：“杜鲁门在今年一月五日还声明说美国不干涉（中国）台湾，现在他自己证明了那是假的，并且同时撕毁了美国关于不干涉中国内政的一切国际协议。”

美国侵朝是不宣而战

杜鲁门政府在做出武装入侵朝鲜的决定时，并没有按照美国宪法获得美国国会的批准，甚至没有向国会正式提交战争提案，只是向国会的几位参议长通报了情况，而国会在整个战争期间也始终没有通过任何正式的战争宣言。艾奇逊对此解释说："现在要干的事是立即行动起来，并以最迅速而有效的方式促成之。如果停下来分析研究自己的行动，那就是作茧自缚。"因此，艾奇逊建议杜鲁门不要向国会提出战争提案，而是将美国在朝鲜的侵略行动冠以联合国的名义，引用美国宪法中赋予总统作为武装部队最高统帅的规定，放手行事。杜鲁门欣然接受了艾奇逊的"忠告"。于是，美国侵朝战争成为美国历史上第一场不宣而战的战争。

美国尽管在做出侵朝战争决策的过程中一再强调要在联合国的决议下行动，但实际上其所采取的每项侵略行动都是在没有联合国的授权下进行的。而且，从 6 月 26 日到 6 月 30 日，美国都是在采取行动之后再寻求联合国决议的"承认"。联合国关于朝鲜问题的一系列所谓的"决议"并无实际意义，美国所谓侵朝行动是"根据联合国决议"的说法也是站不住脚的。

2. 为什么说美国侵朝严重威胁了中国的安全

沿袭日本侵华的老路

美国武装侵略朝鲜和中国台湾，使中国领导人想到日本侵略者曾经说的"要征服世界，必先征服亚洲；要征服亚洲，必先征服中国；要征服中国，必先征服满蒙；要征服满蒙，必先征服朝鲜与（中国）台湾"。日本侵略者是这样说的，也是按这样的步骤做的。

1894 年，日本发动甲午战争，侵略中国与朝鲜。1931 年，日本侵占了中国的东北地区。1937 年，日本发动了全面侵华战争。1941 年，日本发动了征服亚洲的战争。因此，中共中央判断美国是要“利用日本的基地，继承日本军国主义的衣钵，沿袭着甲午战争以来的历史，走吞并中国必先占领东北、占领东北必先占领朝鲜的老路。不过日本帝国主义是用四十多年的时间逐步进行的，而美帝国主义则要在四五年内来完成”。

从 3 个方向威胁中国

1950 年 6 月 28 日，周恩来在声明中指出，美国在朝鲜的侵略，“乃是美国的一个预定步骤，其目的是为美国侵略（中国）台湾、朝鲜、越南和菲律宾制造借口，也正是美帝国主义干涉亚洲事务的进一步行动”。

朝鲜、越南和中国台湾是美国杜鲁门政府侵略亚洲大陆的 3 个切入点，是美国对中国大陆构成直接军事威胁的 3 个前哨基地。只要打开亚洲地图就可以清楚地看出美国在亚洲的侵略行动所指向的最终目标是中国大陆。

中国的安全面临着来自 3 个方向的威胁。面对如此严峻的形势，中国当然不能漠然视之。毛泽东曾形象地说，它（美国）要把三把尖刀插在我们的身上，从朝鲜一把刀插在我们的头上，以（中国）台湾一把刀插在我们的腰上，把越南一把刀插在我们的脚上。天下有变，它就从三个方面向我们进攻，那我们就被动了。中共中央决定：在美国不派遣军队直接入侵越南的情况下，我方继续采取派遣顾问和提供装备、物资援助的方式，支援越南人民的抗法战争。除了越南方向，中共中央最为关注的是朝鲜和中国台湾，尤其是中国台湾。

台湾方面蠢蠢欲动

朝鲜内战爆发后，美国除了决定入侵朝鲜，还派出第七舰队侵入中国的台湾海峡，从而让原本摇摇欲坠的蒋介石政权“转危为安”。

蒋介石一直苦苦等待着第三次世界大战爆发，以寻求翻盘的机会，在得知朝鲜战争爆发的当天，他便迫不及待地派人告诉李承晚，若汉城方面请求台北派兵助战，“当可允之”。

1950 年 6 月 26 日，蒋介石为此召开紧急会议，制订了由国民党军第 52 军驰援南朝鲜的初步方案，该军是撤退来台的少数保持完整建制的主力军之一。

蒋介石随即向美方表示愿意提供 3.3 万人的国民党精锐部队投入战争，还与麦克阿瑟秘密会面。然后，在没有获得白宫同意的情况下，麦克阿瑟扬言要帮助蒋介石反攻中国大陆，并公开表示将考虑在朝鲜战场上使用蒋介石的军队。

杜鲁门曾一度考虑接受蒋介石派兵，但在召开会议讨论时，遭到国务卿艾奇逊的强烈反对。美国派第七舰队去支援国民党政府，而国民党当局却又派兵到朝鲜，艾奇逊认为这种做法实在是荒谬。

艾奇逊还提出，如果蒋介石的军队在朝鲜出现，北京方面就可能决定参战。而且英国、加拿大等盟友都不希望看到蒋介石的军队出现在朝鲜半岛。另外，美军方也对蒋介石军队的战斗力表示质疑。最终，杜鲁门决定让艾奇逊正式拒绝蒋介石的请求。

1950 年底—1951 年初，在中国派出志愿军参战后，美军被打得节节败退。麦克阿瑟曾向蒋介石提议派一个军助战，1952 年 5 月“联合国军”总司令克拉克也提议让蒋介石出兵，美国军政当局因担心引蒋入朝会导致战争复杂化，都予以否决。

为抗美援朝而推迟解放台湾

台湾是中国领土不可分割的一部分。完成祖国统一大业是中国人民不可动摇的信念，也是当时人民解放军的首要作战任务，解放台湾的准备工作当时正在加紧进行中。

根据中共中央和中央军委的决定，解放台湾作战任务由第三野战军承担，海空军全力配合。然而，朝鲜战争爆发后，美国海军第七舰队入侵中国的台湾海峡，公然宣称将制止中国人民解放军解放台湾的作战行动，这使得人民解放军面临巨大的困难。

中国的海空军部队刚刚组建，远不具备与当时拥有最先进装备和丰富作战经验的美国海空军抗衡的力量。而渡海登陆作战，夺取制空权、制海权是基本的前提条件，如果在缺乏足够的海空力量掩护下进行渡海作战，就很可能变成一场灾难。在这种情况下，中共中央必须重新考虑解放台湾的时机和准备工作。

美国侵略朝鲜不仅对中国的安全构成了直接威胁，而且具有重大的国际影响，是当时中国所面临的最大、最直接的威胁。

中共中央认为，美国侵略朝鲜是企图在朝鲜打开一个缺口，作为世界大战的东方基地。因此，“朝鲜确实已经成为目前世界斗争的焦点”，“朝鲜战争至少是东方斗争的焦点”。美国利用朝鲜战争，“将联合国旗帜拿到手，以对付和平阵线”，并大肆扩充军备。美国还动员欧洲盟国，重新武装日本、西德。美国如果压服朝鲜，“下一步必然对越南及其他原殖民地国家进行压服。……从此一步一步地发展为世界大战”。

朝鲜战争爆发伊始，中共中央在全面分析国际、国内形势，全面衡量各种利弊之后，做出了一个意义深远的重大战略决策：支援朝鲜人民，推迟解放台湾。

3. 中国是如何严正警告美军不得越过三八线的

通过印度驻华大使发出警告

当时中国和美国还没有建立外交关系，所以中国只能通过印度政府向美国传话。1950 年 9 月 21 日，周恩来在会见印度驻华大使潘尼迦时明确指出：由于联合国不承认中国代表的合法地位，因此中国对联合国也不承担任何义务。几天之后，中央军委代理总参谋长聂荣臻在与潘尼迦会见时又明确指出：鉴于美国飞机已经对中国东北进行轰炸，中国决不会忍气吞声，不作出反应。“如果帝国主义者果真要发动战争，那么，我们也只有起而抵抗。”

潘尼迦说，如果中国做出强硬反应，那将会把中国拖入与美国的战争，而这种战争一旦爆发，中国的建设将拖后 10 年或 8 年。聂荣臻说：“我们已经考虑了一切问题，他们甚至会向我们扔原子弹。那又会怎么样呢？他们也许会杀死几百万人，但一个国家不付出牺牲是不能捍卫独立的。”

潘尼迦马上向印度政府报告了与周恩来、聂荣臻谈话的内容：中国对联合国和美国军队可能采取的针对中国的行动非常气愤。如果“联合国军”进入朝鲜半岛北部，那么中国参战的可能性将极大增加。

在公开场合正式警告

9 月 30 日，周恩来在中国人民政治协商会议全国委员会庆祝中华人民共和国成立 1 周年大会上做报告时谴责美国的侵略行动，指出：“美国的侵略武力已经侵入中华人民共和国的版图，并且随时有扩大这种侵略的可能。……中国人民密切地关心着朝鲜被美国侵略后的形势。”

周恩来再次阐明了中国政府的立场，对美国的侵略行动发出了严正警告：“中国人民热爱和平，但是为了保卫和平，从不也永不害怕反抗侵略战争。中国人民决不能容忍外国的侵略，也不能听任帝国主义者对自己的邻人肆行侵略而置之不理。”

这是中国政府向美国政府发出的一个明确警告。周恩来演说稿在大会召开之前曾由毛泽东审阅。毛泽东亲笔加上了“不能听任帝国主义者对自己的邻人肆行侵略而置之不理”这句话。从此，“不能置之不理”这句话脍炙人口，成为新中国外交风格的体现，也是中国政府立场最清晰、简洁的说明。

10 月初，中国政府得到消息，在美国军队的默许下，南朝鲜军已经先越过三八线向北进攻，侵朝美军也已准备就绪，即将越过三八线。朝鲜局势已经到了十万火急的地步。在这种情况下，中国政府不得不再次通过外交途径向美国政府发出更加明确的警告。

通过印度驻华大使潘尼迦再发警告

10 月 3 日凌晨 1 时，周恩来紧急召见印度驻华大使潘尼迦，强调：“第一，美军企图越过三八线，以扩大战争，我们要管，这是美国政府造成的严重情况。第二，我们主张朝鲜事件应该和平解决，不但朝鲜战事必须即刻停止，侵朝军队必须撤退，而且有关国家必须在联合国内会商和平解决的办法。”

潘尼迦已经知道中国在鸭绿江边建立了东北边防军。他这次向印度转达了中国更高层次的，而且看来是明显无误的警告：美国人注意，不要越雷池一步，否则中国必将干涉。他相信中国一定会说到做到，而不是虚张声势。

周恩来在 9 月 30 日报告中的声明和 10 月 3 日与潘尼迦的谈话，在国际上产生了巨大而深远的影响。先礼后兵，中国已仁至义尽，如果侵略者仍然置若罔闻，就不得不以另外一种侵略者听得懂的语言进行对话。朝鲜战争的历史已经向世人证明，中国人说话是负责任的，是算数的，是没有任何欺骗和威胁的。

知识拓展

《中苏友好同盟互助条约》

中华人民共和国与苏维埃社会主义共和国联盟（苏联）于 1950 年 2 月 14 日签订《中苏友好同盟互助条约》，同年 4 月 11 日起生效，有效期为 30 年。该条约由中华人民共和国总理兼外长周恩来和苏联外长安德烈·维辛斯基在莫斯科克里姆林宫签署。

该条约规定："一旦缔约国任何一方受到日本或与日本同盟的国家之侵袭因而处于战争状态时，缔约国另一方即尽其全力给予军事及其他援助。""双方保证以友好合作的精神，并遵照平等、互利、互相尊重国家主权与领土完整及不干涉对方内政的原则，发展和巩固中苏两国之间的经济与文化关系，彼此给予一切可能的经济援助，并进行必要的经济合作。""双方根据巩固和平与普遍安全的利益，对有关中苏两国共同利益的一切重大国际问题，均将进行彼此协商。"20 世纪 60 年代起，中苏两国关系恶化，该条约名存实亡，期满后没有再延长。

知识拓展

北大西洋公约组织

北大西洋公约组织简称北约组织或北约。第二次世界大战后，美国为了遏制苏联，维护其在欧洲的主导地位，联合西欧一些国家于 1949 年 4 月 4 日正式成立北大西洋公约组织，总部位于比利时布鲁塞尔。创始成员国有美国、英国、法国、荷兰、比利时、卢森堡、加拿大、丹麦、挪威、冰岛、葡萄牙、意大利 12 国。截至 2023 年 7 月，该组织已有 31 个成员国。公约组织规定，缔约国任何一方遭到武装攻击时，应视为对全体缔约国的攻击。北约拥有大量核武器和常规部队，是西方国家的重要军事力量。这是二战后资本主义阵营军事上实现战略同盟的标志，使美国得以控制欧洲联盟的防务体系，是美国的世界超级大国领导地位的标志。

抗美援朝小考场

1. 中国与苏联在 1950 年签订了什么条约?	《中苏友好同盟互助条约》
2. 二战后,以哪个国家为首形成了资本主义阵营?	美国
3. 朝鲜内战爆发后,美国采取什么行动侵犯中国领土主权?	派出第七舰队入侵中国的台湾海峡
4. 远东美军总司令麦克阿瑟将中国台湾称为什么?	一艘“永不沉没的航空母舰”
5. 朝鲜战争爆发之时,美国从哪几个方向威胁中国的安全?	从朝鲜、中国台湾和越南 3 个方向
6. 中共中央、中央军委原定解放台湾的任务由哪支野战军部队承担?	第三野战军
7. 中国通过哪个国家的驻华大使警告美军不得越过三八线?	印度

三 中国是怎样决策出兵抗美援朝的

1. 新中国在成立之初面临什么样的形势和任务

严峻的政治、经济形势和外部环境

新中国成立时，由于长期遭受帝国主义列强的侵略和掠夺，遭受长期战争的破坏，整个中国几乎是一片废墟，千疮百孔，百废待兴。中国共产党和中国人民面临的形势依然相当严峻，任务依然相当艰巨。

在政治方面，人民解放战争还没有完全结束，华南、西南和东南沿海部分地区特别是西藏、台湾、海南等约占全国陆地总面积 1/3 的地区仍在国民党控制之下。在新解放区，匪患相当严重，国民党军残余势力以及潜伏的特务和反革命分子，同土匪和各种反动势力相勾结，进行各种破坏活动。新解放区的基层政权尚未健全，已经建立的也还未巩固，还有数百万的工人和知识分子失业，等等。政治上还存在着许多动荡不安的因素。

在经济方面，许多工厂停工，铁路交通约有一半处于瘫痪状态，农业遭受严重的自然灾害，工农业生产形势严峻。1949 年全国的钢产量只有 15.8 万吨、粮食产量只有 2263.6 亿斤、棉花产量只有 889 万担，分别相当于历史最高产量的 17.1%、77.90%、52.3%。全国的城乡交流和对外贸易基本上处于停顿状态，市场萧条，物资奇缺，人民生活十分困难。上海解放时，人民政府接管的大米仅够全市人民吃半个月，棉花只能维持纱厂开工 1 个月，煤只够烧 7 天。国家财政面临严重困难，1949 年国家财政赤字达全部支出的 2/3。通货膨胀，货币贬值，物价飞涨，市场动荡，不法资本家趁机囤积居奇、扰乱市场。1949 年 4 月—1950 年 2 月，国内连续出现 14 次大规模的涨价风波，在新中国成立后第一年，上海的批发物价指数涨了近 20 倍。

在外部环境方面，美帝国主义不甘心在中国的失败，采取经济上封锁、军事上包围、外交上孤立、政治上颠覆等种种手段，企图把新中国扼杀在摇篮里。

面对这种严峻的政治、经济形势，中国人民需要完成祖国统一大业，需要一个和平的国际环境。具体来说，就是需要 3~5 年的和平喘息时间去抚平战争创伤，恢复和发展国家的经济、文化、科学、教育事业，巩固新生的人民政权。解决中国最重要的问题取决于和平前景。

解放军根据形势调整职能任务

随着大规模战争的结束，为适应新中国成立初期的形势，中国人民解放军的职能调整为保卫中国的独立和领土主权的完整，保卫中国人民的革命成果和一切合法权益。其任务如下：在中央人民政府的领导下，将解放战争进行到底，解放中国全部领土，完成统一中国的事业；建设强大国防军，加强现代化的陆军，并建设空军和海军，以巩固国防；在不妨碍军事任务的前提下，有计划地参加农业和工业生产，支援国家的建设工作。

人民解放军除了担负准备解放台湾、西藏等国土，以及消灭残余土匪、安定地方秩序这两大具体任务外，还积极参加生产建设工作，就连调到中原地区集中整训的作为国防机动部队的第 13 兵团也在 1950 年初将其第 38、

39 军投入了生产建设。第 41 军完成海南岛战役后正在广东休整，也准备北调中原地区担负生产任务。

人民解放军还进行了大规模整编和复员工作。到 1950 年 6 月，人民解放军已有 550 万的庞大兵力。随着大规模战争的结束，面对恢复国家经济建设的形势，维持如此庞大的军队已没有必要，并且是国家财政上很大的负担。因此，在保证有足够力量用于解放台湾、西藏，巩固国防和镇压反革命活动需要的前提下，有必要对部队进行整编。中央军委决定，1950 年下半年复员 150 万人回乡参加生产，使部队保留 400 万人。在大规模复员的同时，按国防军建设的要求整编部队，特别是加强海军、空军和各特种兵部队的建设。

筹划调整国防部署

新中国成立之初，人民解放军主力部队主要分布在中南、华东、西南、西北地区，进行追歼国民党军残余部队、剿匪肃特、巩固新生人民政权，以及准备解放台湾、西藏等任务。在东北和华北老解放区的主要是地方部队和留守部队，主力部队很少。

新中国一成立，毛泽东就开始筹划新中国的国防部署。在这一部署中，北京、天津、上海、杭州、南京和广东、广西地区，还有山海关被列为国防部署的重点区域。而战略预备队则置于陕西、河南等地区，南北机动，呈南重北轻的态势。

在新中国的国防部署中，东北处于战略大后方的地位。1950 年 5 月，东北军区统辖的建制部队只有 6 个警备师和部分地方部队，此外还有第四野战军北调从事农业生产的第 42 军和进行整训工作的部分炮兵、骑兵部队，共 22.8 万余人。按照缩减计划，东北军区部队总额定编为 10 万人，在当时的 5 个大军区中兵员数额最少。

朝鲜战争爆发后，中国的周边环境发生了重大的变化。特别是美军入侵朝鲜之后，中国东北由战略后方变成了国防前哨。为了适应国际形势，中国不得不采取紧急措施，调整国防部署，增强东北地区的国防力量，以巩固国防、预防突发事件。

2. 中央为应对战争做了什么准备

组建东北边防军

1950 年 7 月 7 日，毛泽东指示周恩来（此时周恩来为中央军委副主席，主持军委工作）在中南海居仁堂主持召开国防会议，会议决定组建东北边防军。7 月 13 日，中央军委正式做出《关于保卫东北边防的决定》，调集在中原地区的作为国防机动部队的第 13 兵团（辖第 38、39、40 军）和在东北齐齐哈尔等地的第 42 军及其炮兵第 1、2、8 师等部共 25.5 万余人组成东北边防军，迅速开往东北，以应对朝鲜战局可能会出现的危机。

组建东北边防军是中共中央未雨绸缪、深谋远虑的举措。这不仅巩固了东北边防，而且使中国在战略上处于主动地位，避免了临急应战，为此后中国人民志愿军开赴朝鲜以抗击美国的侵略进行了极其重要的准备，也为后来进行的抗美援朝战争奠定了坚实的基础。

后来彭德怀在总结抗美援朝战争胜利的经验时曾指出：抗美援朝战争之所以能取得伟大的胜利，“最重要的则是由于党中央和毛主席英明的决策，坚定的意志和正确的领导。当美帝国主义发动侵略战争时，我们即调了五个军置于鸭绿江北岸，待敌越过三八线向我国边境逼近时，出敌不意地给以痛击，取得第一个战役的胜利。这不仅挽救了当时朝鲜人民军败退的局面，而且取得了战争的主动权。如果预先无此准备，想要凭空扭转当时极不利极严重的局面，那是不可设想的”。

加强东北边防军力量

1950 年 8 月中旬以后，朝鲜的形势已经变得不容乐观，战争双方在朝鲜东南隅的洛东江一线形成了僵持局面，而朝鲜人民军的作战已经没有后劲。朝鲜战争长期化的趋势已经十分明显。在这种情况下，中央军委根据朝鲜战场局势的状况和发展趋势，开始增调部队加强边防军的力量，并部署边防军的二线、三线部队。

鉴于东北已经成为国防前线，而东北军区直辖部队中没有野战军部队，8 月 15 日，东北军区首长致电中央军委，请求从中南地区调一个军到东北，划归东北军区序列，以备不虞。中央军委接受了东北军区的请求，决定从中南地区抽调第 50 军开赴东北，编入边防军序列。

根据毛泽东的指示，周恩来多次主持召开军委有关部门会议，研究确定了边防军的二线和三线部队的调整部署：首先调第 9 兵团北至山东津浦铁路沿线地区整训，作为边防军的二线部队；同时将第 19 兵团部队集结于陇海铁路沿线地区机动位置，作为三线部队与第 9 兵团相策应。

到边防军改编为志愿军向朝鲜出动时，二线、三线部队的部署已经基本完成。中央军委的基本意图：在第 13 兵团等第一批出国作战部队出动后，即以第 9 兵团由山东北上，进入位于东北的边防军原驻地，作为第 13 兵团的二线部队，随时准备入朝作战；同时以第 19 兵团东进，进入第 9 兵团在山东的原驻地整训，作为三线部队，准备入朝参战。

二线和三线部队的部署是一项未雨绸缪的工作，也是一项重大的战略行动。如此部署既稳固了国防，保持了充裕的战略机动力量，又保证了边防军在出动作战后能够拥有源源不断的后续支援力量，掌握了战略上的主动权。特别是第 9 兵团的集结使得志愿军其他部队能够在之后战局紧急的情况下迅速入朝，担负朝鲜东线的作战任务，为彻底扭转朝鲜战局，奠定战争胜利的基础，创造了有利的条件。

3. 中央的出兵决策为什么如此慎重

中美力量对比悬殊

新中国成立刚刚 1 年，还处于千疮百孔、百废待兴的状态。而美国这个时候已经有 100 多年的资本主义发展历史，并且在两次世界大战中发了横财，二战以后一跃成为资本主义最强国。中美两国综合实力和经济力量相差悬殊。

中美国力数据对比

国民生产总值对比

1950 年，中国的工农业总产值为 574 亿元人民币，相当于 229 亿美元

美国当年的国民生产总值为 2848 亿美元

注：因中国当时没有国民生产总值概念，按工农业总产值估算。

中美钢铁产量对比

1950 年，中国的钢产量是 60.6 万吨

美国钢产量是 8772 万吨，约为中国的 145 倍

中美两军的武器装备也相差很大。那时中国没有完整的军工体系，人民解放军的武器装备基本上靠战场缴获。美国则拥有世界第一的军工体系，美军有着最先进的武器装备，可谓“武装到牙齿”。

中美武器装备数据对比

空军对比

1950 年，中国人民解放军共有作战飞机不足 200 架，志愿军无论是飞机性能还是飞行员的技术水平都不如美军

当年美国投入到朝鲜战场上的作战飞机超过 1200 架，是中国的 6 倍多

海军对比

中国海军在抗美援朝初期没有参战

美国海军各类舰船达到 300 艘

坦克对比

志愿军入朝时各部队没有装备坦克

美军投入坦克约 1000 辆

步兵枪械对比

志愿军所用枪械产自世界上 24 个国家的 98 家兵工厂，其品种和型号多达 110 种。仅步枪口径从 6.5 毫米到 11.43 毫米多达 13 种，各种枪械的型号更是多达几十种

美军步兵主要使用加兰德 M1 步枪或 M1 卡宾枪，性能优异、可靠

从编制来说，志愿军入朝时一个军辖 3 个师，大致有 3 万 ~5 万人，侵朝美军一个军辖 1~3 个师及配属部队，兵力并不固定，最多达 10 万人，因此志愿军的军与美军的师通常被放在一起进行对比。美军一个步兵师经过加强可达到 2 万多人，虽然人数远不及志愿军一个军，但在火力上有巨大优势。

据志愿军第 13 兵团入朝前估计，与美军相比，志愿军就火力而言，团以下部队除了没有坦克，其他火力与同建制美军部队差距不是太大。但志愿军师以上部队的火力则与美军相差悬殊。志愿军最大的缺陷是缺乏有效的反坦克和防空兵器，已经确定列编的师属战防炮营和军属高炮营均因缺乏武器而没有正式组建，主要原因是当时中国工业落后、经济困难，无法满足部队对装备的要求。

中美步兵装备对比

火炮

志愿军一个军有各种口径的迫击炮 333 门，直射炮 108 门，其中 70 毫米以上口径火炮 190 门，基本没有大口径重炮，射程不到 10 千米

美军一个师有 75 毫米以上口径火炮 330 门，多是射程 20 千米以上的重炮

坦克

志愿军	美军
入朝初期，志愿军没有坦克	美军一个师有 149 辆坦克

车辆

志愿军	美军
志愿军一个军临时配有车辆 100 多辆，多数火炮还要骡马牵引，步兵全靠两条腿行军	美军一个师有各种机动车 3800 辆，基本实现摩托化，平均六七个人就有一辆汽车，机动性很强

通信器材

志愿军	美军
志愿军一个军有无线电台 69 部、有线电话 375 部	美军一个师有无线电台 1400 部，有线电话 1100 部

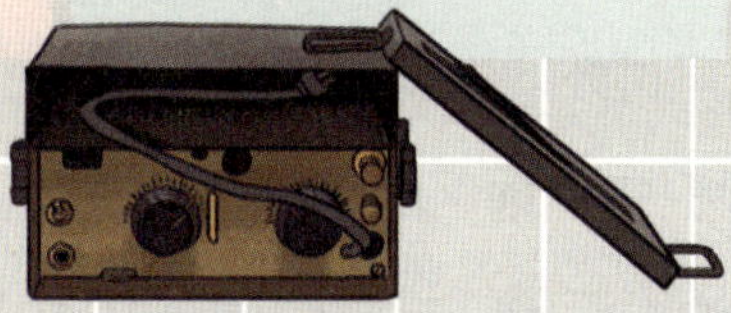

可以看出，志愿军与美军无论在火力还是机动方面都相差悬殊，何况美陆军还有空军、海军支援，这更是入朝之初的志愿军无法相比的。

朝鲜直接请求中国出兵援助

1950 年 10 月 1 日，朝鲜劳动党和朝鲜民主主义人民共和国政府以劳动党总书记、首相金日成和劳动党副书记、副首相兼外相朴宪永联名的形式给毛泽东写了求援信，提出：“在目前敌人趁着我们严重的危急，不予我们时间，如要继续进攻‘三八线’以北地区，则只靠我们自己的力量是难以渡过此危机的。因此我们不得不请求您给予我们以特别的援助，即在敌人进攻‘三八线’以北地区的情况下，亟盼中国人民解放军直接出动，援助我军作战！”

正是因为有了朝鲜的请求，中共中央书记处和政治局才在 1950 年 10 月上半月多次召开会议研究讨论援助朝鲜的问题。仅 10 月上旬就于 2 日、4 日、5 日下午召开了 3 次会议，2 日下午是书记处会议，4 日、5 日两个下午是政治局扩大会议。5 日下午的政治局扩大会议统一了认识，做出了出兵抗美援朝的战略决策。

从维护中国的国家利益出发

一是维护国家主权。美国武装干涉朝鲜内战的同时，命令其海军第七舰队入侵中国的台湾海峡，干涉中国内政，阻止人民解放军解放台湾。当时除了抗议和声讨外，中国国家领导人就已经考虑到可能要同美国人打一仗。

二是保卫东北地区的国防安全。美国投入朝鲜战争的空军于 1950 年 8 月 27 日开始不断轰炸扫射中国东北边境地区的城镇和乡村，地面部队准备越过三八线向中朝边境推进，严重威胁了中国东北地区的安全。

三是维护东北地区的经济建设。东北是全国解放最早的地区，东北地区的经济恢复和建设在全国具有领先地位和示范作用。新中国当时有一半的工业基地在东北，而东北有一半的工业基地在辽东和辽南。如果中国不出兵，让美国陈兵在鸭绿江边，那么整个东北南部地区的电力都将被控制，无法进行正常建设。

四是维护中国的社会稳定。美国出兵朝鲜以后，中国国内各种反动势力就活跃起来，破坏活动明显猖獗，不将美国在朝鲜的气焰打下去，国内反动气焰就会更加嚣张，不利于新生人民政权的巩固和社会稳定。

准备了必要的军事力量

朝鲜内战爆发后，美国立即进行武装干涉。战前朝鲜没有向中国提出任何请求，并且战争开始以后朝鲜人民军打得非常顺利，势如破竹。但是中共中央考虑到，由于美国的武装干涉，朝鲜战局形势发展有两种可能：一种可能是虽然美国军队介入，但是朝鲜人民军一鼓作气，很快解放全朝鲜，战争很快结束，或者至少告一段落，美国再想援助南朝鲜李承晚集团也需要长时间的准备和调动更大规模的兵力；另外一种可能就是战争长期化，甚至战争形势发生逆转。因此，中国就不能没有防范和准备。周恩来当时讲：“我们在第一种设想情况下组织边防军，是备而不用；在第二种设想情况下，是加重了我们的责任，并且应该很快地积极准备。”在朝鲜内战爆发不到两个星期，美军地面部队进入朝鲜仅仅一个星期（美军地面部队是 1950 年 7 月 1 日入朝的），中国就于 1950 年 7 月 7 日开始着手组建东北边防军，抽调当时国防机动部队第 13 兵团等 4 个军、3 个炮兵师等部队 25.5 万余人组成东北边防军，集中到辽宁省东部和吉林省东南部地区进行整训。边防军集中以后，东北军区司令员兼政治委员高岗受中央军委委托，在边防军师以上干部动员大会上明确指出：将来边防军是准备出动到朝鲜去打仗，“支援朝鲜和保卫我们祖国与保卫世界和平是一致的”。整个边防军的整训都是以美军为作战对象、以朝鲜为作战地区而进行的。这为中共中央决策出兵准备了必要的军事力量。

承担社会主义阵营的国际主义义务

朝鲜和中国同属于社会主义民主阵营中的一员，所以朝鲜有困难，中国有责任帮助，这是意识形态的因素。此外，朝鲜是中国的友好邻邦，朝鲜劳动党的许多党员和许多朝鲜人都参加过中国的革命战争，为中国人民取得革命战争胜利做出了贡献。如果朝鲜不是中国的邻邦，而仅仅和中国一样是民主大家庭中的一员，那么恐怕中共中央也不会做出出兵援朝的决策。所以，中共中央出兵抗美援朝有意识形态的因素，但并不是主要因素或决定性因素。

抗日战争结束以后，美国站在与中国人民为敌的立场上，出枪、出钱支持蒋介石打内战。在新中国成立以后，美国仍然敌视中国，对新中国采取经济上封锁、军事上包围、外交上孤立、政治上颠覆的手段。

新中国成立后，中国采取了“一边倒”的政策，同苏联签订了《中苏友好同盟互助条约》，中国出兵援朝会有苏联作为后盾，这个因素应该是有很大作用的。此外，中共中央也是出于维护中苏同盟的战略态势、承担社会主义阵营的义务，并取得苏联的信任等种种考虑，在做出决策时与苏联进行了协商。在中共中央决策的过程中，斯大林曾经积极建议中国出兵援朝，但在中国要求苏联履行出动空军掩护中国人民志愿军作战的承诺时，斯大林却说，苏联的空军没准备好，就是准备好了也不出动到朝鲜境内作战，只是在鸭绿江上空或者鸭绿江以北进行援助。他还说，如果没有空军掩护，中国觉得出兵困难，也可以不出兵。当然，苏联除了没有兑现出动空军掩护的承诺以外，中国提出的其他援助请求则基本上都满足了。

在这种情况下，中共中央政治局开会“一致认为我军还是出动到朝鲜为有利”。“应当参战，必须参战。参战利益极大，不参战损害极大。”

总之，朝鲜需要支援，中国的国防安全需要保卫。正如1951年10月23日毛泽东在中国人民政治协商会议第一届全国委员会第三次会议上的开幕词中讲的：“我们不要去侵犯任何国家，我们只是反对帝国主义者对于我国的侵略。大家都明白，如果不是美国军队占领我国的台湾、侵略朝鲜民主主义人民共和国和打到了我国的东北边疆，中国人民是不会和美国军队作战的。但是既然美国侵略者已经向我们进攻了，我们就不能不举起反侵略的旗帜，这是完全必要的和完全正义的，全国人民都已明白这种必要性和正义性。”也就是说，出兵援朝是出于维护中朝两国的当前利益和长远利益的考虑，所以叫作“抗美援朝、保家卫国”。

知识拓展

东北边防军

1950年6月25日，朝鲜内战爆发。为了保卫东北边防，并在必要时支援朝鲜人民军作战，中共中央做出了一个重要决策，决定调几个军到东北地区，加强东北边防。1950年7月7日，周恩来主持召开了关于国防问题的会议，因朝鲜战争局势发生变化，为应付最坏情况发生，会议决定抽调原第四野战军（简称四野）第13兵团（含第38、39、40军），第42军，炮兵第1、2、8师和一些高射炮兵、工兵、战车部队共25.5万余人组成东北边防军，分驻凤城、辽阳、丹东、通化、本溪等地，其任务是保卫中国东北边防，必要时支援朝鲜人民军作战。13日，中央军委正式做出《关于保卫东北边防的决定》。粟裕任东北边防军司令员兼政治委员，海军司令萧劲光、总政治部副主任萧华分别任东北边防军副司令员和副政治委员。

8月下旬，周恩来主持召开东北边防军准备工作会议，决定了东北边防军的兵力配置，又抽调10万老兵，准备在开战后补充到一线作战部队。9月上旬，中央军委决定将第50军编入东北边防军序列。9月15日，美军在仁川登陆，10月7日越过三八线，朝鲜战局发生急剧变化。10月8日，毛泽东发布命令，将东北边防军改为中国人民志愿军，赴朝作战。彭德怀任司令员兼政治委员，第一副司令员及第一副政治委员是原四野第15兵团司令员邓华（时任东北边防军第13兵团司令员），副司令员是洪学智和韩先楚。

知识拓展

《中国人民志愿军战歌》

《中国人民志愿军战歌》是由志愿军炮兵第1师26团5连指导员麻扶摇作词，文化部艺术局副局长、音乐家周巍峙作曲的军歌，创作于1950年11月25日。歌词为："雄赳赳、气昂昂，跨过鸭绿江。保和平、卫祖国，就是保家乡。中国好儿女，齐心团结紧。抗美援朝，打败美帝野心狼！"

抗美援朝小考场

1. 美军入侵朝鲜后，中国哪个地区从战略后方变为国防前哨？	东北地区
2. 朝鲜内战爆发后，中共中央为巩固国防采取了什么未雨绸缪、深谋远虑的举措？	组建东北边防军
3. 中共中央确定的东北边防军司令员兼政治委员是谁？	粟裕
4. 作为东北边防军后续二线、三线部队的分别是哪两个兵团？	第 9、19 兵团
5. 中国决策出兵朝鲜时，苏联对中国没有兑现的重要承诺是什么？	出动苏联空军掩护中国人民志愿军作战
6. 志愿军出动至朝鲜作战，面临的最大困难是什么？	没有空中掩护
7. 入朝之初，与美军地面部队相比，志愿军各个军数量为零的武器装备是什么？	坦克

四 志愿军在运动战阶段是如何战胜强敌的

1. 志愿军是怎样打好入朝第一战的

入朝初期形势严峻

1950 年 10 月中下旬，美国虽然认为中国有能力组织起援朝的队伍，但决不相信中国敢于援朝，所以美军四处冒进。中国虽然已经决心援朝，但也亟待摸清美军实力。

为尽快探清敌情，10 月 19 日，彭德怀带着随行参谋杨凤安和 2 名警卫员，乘吉普车早于大部队跨过鸭绿江，由朝鲜外相带路，在北部山区四处寻找踪迹不明的金日成。最后，在边界地区的一个金矿山洞里，二人见了面。此时是 10 月 21 日，志愿军已经入朝 3 天。仅一江之隔，志愿军战士一踏上朝鲜国土，就处在浓烈的战火硝烟之中。入朝后，志愿军夜行晓宿，隐蔽前进。每到夜晚，这支向南疾进的队伍和向北撤退的朝鲜人民军部队就拥堵在公路上，人挤车塞，常有当地人拦住志愿军问："有飞机吗？有坦克吗？"当听到"没有"的回答时，他们就连连摇头，失望而去……

在同一天，美空降第 187 团在平壤以北实施了空降作战，又一次包围了残存的朝鲜人民军部队。按照麦克阿瑟的最新命令，攻陷平壤的第 8 集团军和在元山登陆的第 10 军不必再合围，只要各自再穿越一片均是空白区的北部山区，跑到鸭绿江，这一仗就算打完了。这时，在一处山洞里，金日成告诉彭德怀，他手上掌握的兵力只剩下不到 4 个师，基本上已经没有部队了。

针对敌情及时调整部署

志愿军临出国前曾拟定了一个防御地域——朝鲜半岛上最窄的蜂腰部，它横贯整个半岛，长度 170 千米。但到 10 月 21 日，美军距这一地带只有 50~70 千米了，而志愿军按夜行军的速度至少还有 3 天的路程。这时，北京及入朝的第 13 兵团都与彭德怀失去了联络。运筹帷幄的毛泽东在这天的凌晨每隔 1 小时就给第 13 兵团发 1 次电报，接连 3 次指示说："现在是争取战机问题，是在几天之内完成战役部署以便几天之后开始作战的问题，而不是先有一个时期部署防御然后再谈攻击的问题。"这时的美军第 8 集团军和第 10 军分头冒进，犯了兵家大忌，而在北京的毛泽东和在朝鲜的彭德怀几乎同时看到了这一点。

10 月 21 日上午，志愿军电台与北京恢复了联系。与金日成谈话后，彭德怀立即向毛泽东发了急电，拟调整原定部署，运动歼敌。在他等回电时，秘书向他报告说，我军第 40 军第 118 师强行军路过这里。彭德怀为之一振，当即召见第 118 师师长邓岳和政委。他先讲了敌情的变化，又拿出刚刚拍发的给中央军委的请示电报，让两位师级干部过目，然后指着地图，命令这支路过的部队立即抢占温井以北的有利地形预设阵地，掩护主力部队在这一带展开。

第 118 师受命出发时给只身闯进战场的彭德怀留下了一个连作为警卫部队。当天中午，第 13 兵团邓华和洪学智在林子里找到了彭德怀。这时彭德怀才知道，毛泽东的电报中对军事形势的分析与自己的判断一样，两人不谋而合。

1950 年 10 月下旬—11 月上旬
中国人民志愿军序列表

中国人民志愿军			
司令员兼政治委员	彭德怀		司令部
副司令员兼副政治委员	邓　华		政治部
副司令员	洪学智　韩先楚		东北军区后勤部前方指挥所
参谋长	解　方		炮兵司令部
政治部主任	杜　平		工程兵指挥所
			第 38 军
			第 39 军
			第 40 军
			第 42 军
			第 50 军
			第 66 军

入朝第一战

10 月 25 日晨，抗美援朝第一次战役打响了。志愿军第 40 军第 120 师第 360 团在云山以北与北进的南朝鲜军第 1 师先头部队相遇，将其击退。第 118 师按照彭德怀的交代，在温井西北两水洞地区隐蔽待敌，与南朝鲜军第 6 师第 2 团第 3 营和 1 个炮兵中队遭遇，采取拦头、截尾、斩腰的战法将其全歼，从而揭开了抗美援朝的序幕。

25 日，西线美第 8 集团军继续以师或团为单位分兵冒进。根据战场形势，彭德怀决心以军或师为作战单位，分途歼灭冒进之敌。西线志愿军各部队边打边进，完成了战役展开，并歼灭南朝鲜军第 6 师大部和第 8 师一部。

南朝鲜军遭打击后，虽已发现志愿军入朝参战，但他们认为中国是象征性出兵。所以美英军接替南朝鲜军，继续向中朝边境推进。志愿军决心采取侧后迂回、正面突击的战法，先打南朝鲜军，而后视情况歼灭美英军。11 月 1 日傍晚，志愿军第 39 军发现云山之敌有撤退迹象，军长吴信泉果断下令提前发起总攻，以 8 个步兵团和 2 个炮兵团向守军发起突袭。志愿军冲入云山镇后，发现敌兵臂上有马头臂章，且个头高大，才知道是美骑兵第 1 师。

云山守敌遭受突袭后一片惊慌，由于双方实行近战，美军的优势火力无法发挥作用。志愿军第 39 军采取白天隐蔽、入夜发起攻击的战法，连续进行了两个夜晚的猛攻，歼敌 1800 多人。美第 8 集团军遭到志愿军连续攻击，且侧后受到严重威胁，被迫于 11 月 3 日开始全线撤退。志愿军转入追击，于 5 日结束西线作战。11 月 7 日，在东线的黄草岭担负阻击任务的志愿军第 42 军和朝鲜人民军一部在抗击了美军陆战第 1 师连续 7 天的进攻后，也向后撤退。第一次战役结束。

对于入朝第一战，毛泽东和中央军委高度重视，与彭德怀一起从战略全局上筹划战役，毛泽东对部队行动的指示甚至具体到各军开进路线、到达指定位置的时间、哪个军打哪个敌人、采取什么战术等。上下配合默契，部队克服困难主动出击，从而保证了战役的胜利。

2. 为什么说“月亮是中国人的”

扬长避短的战术威力

人民军队向来擅长夜战，从红军时代起，就高度重视利用暗夜掩护偷袭、突袭敌人的战术。经过多年革命战争的实践，到抗美援朝战争爆发前，我军积累了丰富的夜战经验，战术、战法已达到炉火纯青的地步。在朝鲜战场上，美军掌握制空权并具有强大火力、机动力，能够在 10 多分钟之内召唤攻击机赶到任何战区支援战斗，地空战术配合非常娴熟。面对前所未有的强敌，志愿军第一副司令员邓华在战前动员中强调，美军适合远距离作战，可以发挥其火力优势，而我们一定要在近距离内解决战斗，让美军的坦克大炮发挥不出威力。

抗美援朝战争初期志愿军步兵军与美陆军师武器装备对比图

1950 年 11 月，在中美两军首次交锋的云山战斗中，志愿军利用暗夜对敌大胆进攻、快速分割、迅猛突击，很快就与美军形成敌中有我、我中有敌的态势。美军高度依赖火力和空中优势，但在黑暗的夜里基本发挥不出

来，因为飞机在夜间难以出动，炮兵不敢乱开火，陷入混乱的美军只能拿起轻武器抵抗。而这显然是志愿军最擅长的领域，在轻步兵对抗中，美军完全不是志愿军的对手。在这场战斗中，志愿军充分发挥夜战特长，歼灭美骑兵第 1 师和南朝鲜军数千人，打了个漂亮的夜间进攻战斗。

这场战斗极大震动了美军。美第 8 军军长泰勒战后不得不承认："他们很会运用战术，以限制我们的火力优势，其方法是在黑暗中接近我们的阵地，然后和我们紧缠在一起，使我们无法要求炮兵射击和空中攻击，否则就有同归于尽的危险。"

日本陆上自卫队的《作战理论入门》将云山战斗评价为模范战例，认为志愿军战术应用得当，集中绝对优势兵力包围孤立美军，并积极勇敢地实施夜战、白刃战，取得圆满胜利。

战后，志愿军总结经验时指出，只要和美军接近，他们的飞机大炮就不敢再用，越接近敌人，自己就越安全。

隐蔽接敌的战术突然性

在整个抗美援朝战争中，志愿军很多行动和战斗都是在夜间进行的。从大军渡过鸭绿江开进朝鲜到云山战斗击败美军，从夜渡临津江到跨过三八线，志愿军发起 5 次战役都从夜晚开始的。在阵地防御战阶段，著名的上甘岭战役、被称为最后一战的金城战役，同样是在夜间打响的，甚至胜负也是在夜间战斗中决出的。据志愿军统计，1 个营夜间进攻美军阵地，伤 30 人，但白天和美军对峙，在空中火力和地面炮火下伤亡高达 300 人。可以说，暗夜已成为我军最好的掩护。

夜战中，我军善于利用暗夜隐蔽接敌，敌人经常到最后一刻才发觉，被打得措手不及。美国第 8 集团军司令李奇微曾回忆称："中国部队很有效地隐蔽了自己的行动。他们大都采取夜间徒步行军的方式；在昼间，则避开公路，有时在森林中烧火制造烟幕来对付空中侦察。中国人没有留下一点部队行动的痕迹。美军整个部队甚至较低级的军人都对中国人的威胁掉以轻心。”他还对志愿军的胶鞋印象深刻，描述道：“战线上又四处响起狂乱的军号声和粗野的吼叫声，敌人的步兵则穿着胶鞋悄悄地爬上黑暗的山坡，渗入我方阵地。”对美国人来说，这些穿着胶鞋、走路悄无声息的中国士兵在暗夜中突然出现，就像丛林中的美洲豹一样可怕。在云山战斗中，号称“王牌部队”的美骑兵第 1 师面对志愿军迅猛的突袭，被打得晕头转向，重机枪手只能盲目开火，“哪里有喇叭声就往哪里打”。这幕场景在朝鲜半岛的月夜下不断上演，志愿军在雪马里歼灭英军精锐“皇家陆军双徽营”、在新兴里全歼美军“北极熊团”、奇袭南朝鲜军“白虎团”……一支支不同国别的敌军精锐部队，都在和志愿军的夜战中败下阵来。

勇猛无畏的攻击杀伤力

志愿军在夜战中善于选择时机，以最勇猛的战斗姿态发起进攻，最大限度地打击敌人。志愿军多数战役战斗都在黄昏或拂晓发起，这时的敌人要么毫无警惕，要么异常疲劳。一旦战斗打响，志愿军将士便一往无前、勇猛冲锋，不怕疲劳、连续作战，以优势兵力在夜间突破敌人防御，穿插到敌纵深断其退路，动摇其防御态势，快速完成分割包围、各个歼敌。

美军曾在战史中描述志愿军的夜战：“中国士兵信手射击、投手榴弹、往车上放炸药包、焚烧汽车。营部区域顿时陷入混乱，到处都在战斗。”一些美军士兵在睡袋里就送了命，勉强爬起来的也是举枪乱打。有美军中尉回忆称：“当时我好像是在做梦，听到一阵军号声和马蹄奔驰声。接着一群模糊不清的人影好像从天而降，并向他们所看到的任何人射击和拼刺。”其实当时志愿军根本没有骑兵部队参战，一些美军应该是被志愿军的勇猛进攻吓破了胆，甚至出现了幻觉。

志愿军的夜间运动进攻战术战法在实战中不断完善，给敌人造成了重大伤亡。直到朝鲜停战，美军也没有找到对付志愿军夜战的办法，只得承认“月亮是中国人的”。战后，美军吸取夜战教训，在 1954 年的野战条令中广泛检视了夜间作战战术，开始大力发展带有夜视技术的器材，这都是美军痛定思痛后的无奈补救了。

3. 什么是打好运动战的关键

强调“零敲牛皮糖”，打小歼灭战

志愿军入朝初期，仍然多次想以战役性的迂回包围一次歼灭美军几个师。但志愿军没有制海权，无法对敌人进行战略上的包围，也没有制空权，难以昼夜连续作战，也就无法达成战役上的包围歼灭敌人。由于这些客观条件，志愿军设想的成建制大量歼敌的计划一直未能实现。

在第一次战役中，志愿军原计划歼灭南朝鲜军 3 个师，结果因其一打即散，在异国又搜剿不易，结果只不成建制地歼灭了南朝鲜军一些营级单位。第二次战役期间，志愿军曾计划歼灭美军 5 个师，最后只是利用东线的特殊条件一次性成建制地歼灭过美军一个团，而且这是整个抗美援朝战争中成团建制歼灭美军的唯一战例。

第五次战役开始前，志愿军计划在第一阶段就歼灭敌军 5 个师（其中美军 3 个师），结果战役中志愿军只是成团、成营建制地包围了部分美军，几乎无一全歼。由于敌军在火力上和技术装备上占绝对优势，志愿军每次在夜间进攻时只能包围美军营、团级单位，通常当夜无法结束战斗，而到了第二天白天，敌人就能在大量飞机、坦克的掩护下突围逃走。

第五次战役后期，毛泽东曾认真向志愿军参谋长和几位军长询问，志愿军为什么一次难以歼灭美军一个团。经过详细的了解后，1951 年 5 月 26 日，毛泽东致电彭德怀指出："历次战役证明我军实行战略或战役性的大迂回，一次包围美军几个师，或一个整师，甚至一个整团，都难达到歼灭任务。这是因为美军在现时还有颇强的战斗意志和自信心。为了打落敌人的这种自信心以达最后大围歼的目的。似宜每次作战野心不要太大，只要求我军每一个军在一次作战中，歼灭美、英、土军一个整营，至多两个整营，也就够了。……打美英军和打伪军不同，打伪军可以实行战略或战役的大包围，打美英军则在几个月内还不要实行这种大包围，只实行战术的小包围，即每军每次只精心选择敌军一个营或略多一点为对象而全部地包围歼灭之。"

从此，志愿军确定了"零敲牛皮糖"的打小歼灭战的原则，通过积小胜为大胜，逐步削弱敌人，最后迫使敌人妥协。实践证明，在现代战争中，技术条件和物质基础比以往更大地影响着战略、战役计划的实施和成败，仅有兵力优势而无火力优势就难以歼灭敌人的重兵集团。因而，志愿军必须正视技术条件不如敌人这件事，适当地确定歼敌的规模。

将夜战发展为战役规模

国内战争期间，我军实行的夜战一般只应用于战术范围，在朝鲜战场上却逐步发展为战役规模，并且在实战中摸索出了一整套实施夜间进攻战役的作战原则。

此作战原则的主要内容是战役一般要在黄昏或夜间发起，取胜的关键在于集中兵力于第一个夜间突破敌人的防御，深入到敌人的纵深断其退路。乱其布局，以利于从战术上分割包围，各个歼敌。彭德怀曾强调指出："在装备悬殊的条件下，我军应力求夜战（但在渗入敌人纵深，或迂回敌后，或疏散的追击溃敌的条件下，白日作战仍是可能和必要的）。”在夜战已将敌军布局打乱、敌我交错、敌航空兵不易支援或天气不利于敌航空兵活动时，志愿军仍可以坚持白天作战，以保持攻击的连续性，这样才能较好地扩大战果，争取胜利。

保持战线的稳定和连续

在长期的国内战争中，我军以流动性作为组织运动战的重要手段，通过机动地调动敌人来创造战机，因而战线经常不固定。在朝鲜战场上，美军不像蒋介石那样计较一城一地的得失，在第二次战役中美军因战线出现空隙遭志愿军迂回穿插后便吸取教训，经常会果断舍弃某些地区，甚至放弃汉城，以保持战线的连续完整，并保障其发挥机动性。朝鲜战区的地形狭窄，也使志愿军缺少回旋余地，无法在敌人腹地开辟战场。同时志愿军主要靠徒步运动，道路机动能力远不及高度机械化的敌人。

早在志愿军入朝前夕，彭德怀便考虑到这种情况，指出：“根据敌情和地形的条件，过去我们在国内所采用的运动战，大踏步地前进和大踏步地后退，不一定适合于朝鲜战场。因为朝鲜地面狭小，敌人暂时还占某些优势，所以要采取阵地战与运动战相配合。”

从第三次战役起，志愿军就改变了国内战争中那种没有固定战线，大踏步进退的方式，进行运动战时也保持一条战线。志愿军在进攻时，依托这条战线进行准备；志愿军在防御时，依托这条战线节节抗击。在兵力、火力配备和战勤保障等方面，志愿军也迅速适应了这种敌我双方呈一线水平进退的新情况。事实证明，实行这种战法虽然难以成建制地大量歼敌，但是对于保持我方战场的稳定，对于志愿军调整力量和加强部队建设也是有利的。

实行运动（机动）防御

志愿军进入朝鲜战场后，面对火力强大的敌人，如果还沿用国内战争中那种构筑野战工事实行坚守防御的做法，则往往会导致人地皆失的结果。1951 年 1 月上旬，志愿军副司令员邓华总结前一段防御作战的经验，提出了“运动防御”这一作战原则，要求：“在一地防御时间不很长（一两天），敌对我配置也没有搞清楚，敌炮、空、坦克对我们的危害也有限。”

第四次战役开始后，志愿军广泛采用了这种防御方式，通过在实践中总结经验，中朝联合司令部在 1951 年 3 月上旬的指示中强调“积极防御，纵深设防，利用良好地形（山区、河流）节节阻击迟滞和杀伤敌人，赢得时间”，“在现代作战中，尤其在敌空军、炮火占优势的情况下进行积极防御作战的原则，必须是控制要点要道、隐蔽疏散、宽大纵深、前轻后重的防御配备”。这一作战方式马上得到了中央军委的赞同。

在第四次战役期间，志愿军前线防御部队在兵力不占优势且火力严重不足的情况下，通过实行运动防御达到了以空间换取时间的目的，并使敌人付出了大于我军伤亡、平均每天只能前进 1000~2000 米的代价，这种运动防御的战法为志愿军以劣势装备抗击拥有绝对优势装备之敌的进攻，提供了一条重要的途径。

适时决定战役进止，胜利后不深远追击

在国内战争期间，因敌我双方基本上都是徒步运动，我军在取得战斗的胜利后实行长距离的猛追，有利于进一步加剧敌人的混乱和扩大胜利战果。可是在朝鲜战场上，志愿军徒步很难追上有摩托化装备的敌人，追击过远反而会造成供应困难，同时使后方更加暴露。

第二次战役取得胜利后，毛泽东同意志愿军领导关于不追击敌人的意见，并表示：“如不顺利则适时收兵，到适当地点休整再战。”第三次战役

后，国内和朝鲜都有乘胜前进，不给敌人以喘息之机的呼声，有人甚至说可以“从北向南，一推就完”。志愿军到达三七线后，彭德怀却下令停止追击。当时苏联驻朝大使拉祖瓦耶夫和苏联驻人民解放军总参谋部的顾问都提出，应迅速南下一举解放全朝鲜，并责问胜利之后为什么不追击。

当时金日成等人也到志愿军总部向彭德怀要求不停歇地向南追击。彭德怀一再向他们解释部队的困难，并说明再冒险南进有重蹈仁川登陆危险的可能。双方进行了激烈的争论，随后决定召开中朝联军高干会讨论。然而“联合国军”很快就发起猛烈反攻，为这场争论画上了句号。

彭德怀总结说：“事实证明，以徒步追击近代化的装备的敌人，不能取得大的结果。”“鉴于解决交通运输补给问题，恢复部队疲劳，巩固海岸防务和巩固后方安全的迫切需要，不作猛追和连续进攻的方针是正确的。”事实证明，志愿军每次取得胜利后只做相机追击，不追求前进了多远，这有助于保持主动，还能避免过度疲劳和消耗。

周密地组织撤出战场和实行轮番作战

在国内战场上，敌我双方作战时主要靠徒步运动，我军有高于敌人的机动力，并有群众掩护，能够“打得赢就打，打不赢就走”。可是志愿军在朝鲜同拥有现代化装备的敌人作战，撤出战斗就变得极为困难。第三次战役结束后和第五次战役后期，志愿军原定的休整计划都因敌人迅速反扑而未能实现。志愿军吸取了经验教训后，在转移时便以运动防御的方式掩护主力后撤。

为了解决部队休整问题，1951 年 3 月 1 日毛泽东提出：“为粉碎敌人意图，坚持长期作战，达到逐步消灭敌人之目的，我中国志愿军拟采取轮番作战的方针。”同时，毛泽东还具体制订了将已入朝和准备入朝的 21 个军编组为 3 部分，轮番到第一线作战的计划。

知识拓展

抗美援朝战争运动战阶段

运动战是一种军事作战方式，依托较大的作战空间来换取时间移动兵力包围敌人，以优势兵力速战速决。运动战也是中国共产党领导下的人民解放军的传统战法，其运用可归结为“避敌主力，诱敌深入，集中优势兵力逐个击破”。

1950 年 10 月 25 日—1951 年 6 月 10 日，中国人民志愿军同朝鲜人民军密切配合，以运动战为主要作战形式，连续进行 5 次战役，把“联合国军”从鸭绿江和图们江边赶回到三八线附近，一举收复了朝鲜半岛北部广大土地，并将战线稳定在三八线附近，共歼敌 23 万余人，迫使以美国为首的“联合国军”接受停战谈判，为抗美援朝战争胜利奠定了基础。

知识拓展

抗美援朝战争第六次战役计划

抗美援朝战争第五次战役之后，朝鲜战场上的形势发生了显著变化，战线基本稳定在三八线附近地区，一时难以分出胜负，战争转向长期相持阶段，敌我双方都在谋求新的战略布局，并准备在开城进行停战谈判。在这种形势下，究竟是接着打还是进行停战谈判？毛泽东认为，一方面要为即将到来的停战谈判做好准备，一方面要做好军事上的部署以坚决粉碎敌人的进攻图谋。于是，彭德怀根据毛泽东指示精神，拟定了在 9 月份发动第六次大的反攻作战行动，中国人民志愿军开始积极备战，并在全军进行了政治动员。志愿军分为两个梯队，第一梯队由第 19、20 兵团另 3 个军组成，负责主攻。具体作战思路是以第 19 兵团切断铁原、金化以南的道路，第 42、47 军和第 26、67、68 军分别负责歼灭铁原、金化地区的敌军，随后再视情况向南推进。第二梯队为后方 5 个军，作为志愿军战略预备队，视情况投入作战。随着战场形势的变化和开城谈判的进展，战争重点已变为阵地局部防御作战，第六次战役计划也被无限期往后推迟并最终取消。

抗美援朝小考场

1. 早于大部队提前过鸭绿江的志愿军将领是谁?	志愿军司令员兼政治委员彭德怀
2. 打响抗美援朝战争第一次战役的是哪一支部队?	志愿军第 40 军
3. 志愿军与美军部队在朝鲜战场上第一次交锋是什么战斗?	云山战斗
4. 美军最惧怕的志愿军战术形式是什么?	夜战
5. 志愿军打小歼灭战的最形象的说法是什么?	零敲牛皮糖
6. 中朝关于是否乘胜追击的激烈争论发生在哪一次战役之后?	第三次战役

五 如何看待政治工作与后勤保障在抗美援朝战争中的重要作用

1. 发挥政治工作的优良传统

开展针对性思想教育

开赴朝鲜战场前，志愿军部队中有个别人存在留恋和平生活、怕苦怕战的情绪，有人说“守住鸭绿江，来了就打，不来就算了”，也有人说“何必多管闲事，惹祸上身”。为了统一政治观念、鼓舞作战士气，中共中央刚开始设想的口号是“抗美援朝，卫国保家”，后来考虑到中国老百姓存在“家本位”的传统心理，将“保家”放到前面，形成了“抗美援朝、保家卫国”的口号，更加深入人心，更能为包括志愿军在内的广大人民所接受。

因有些将士存在“能不能战胜美帝国主义”的疑虑，所以为克服这些不良情绪，部队开展了爱国主义、国际主义、革命英雄主义教育活动。

通过教育动员，志愿军将士明白了抗美援朝的必要性、正义性，以及唇亡齿寒、户破堂危的道理，普遍要求迅速投入战斗。不少人上交请战书，有的人甚至咬破手指宣誓，保证打好第一仗。

战时充分发挥党的领导作用

志愿军入朝后，立即成立了志愿军党委，彭德怀为书记、邓华为副书记。部队在作战中坚决听从党中央和毛泽东的指挥，全面贯彻党的战略方针，有效保证了对敌作战的胜利。为充分发挥党的领导作用，志愿军还建立了一系列与作战需要相适应的组织形式，如兵团作战时让部队负责人参加上级党委会，步炮协同作战时召开联合的步炮政工会议或建立联合政工指挥所，防务交接时在双方党委领导下成立交接委员会。

此外，志愿军还十分重视基层党组织建设，普遍开展创建模范党支部活动，尤其注重边打仗边组织。干部伤亡后，自动有人代理，提倡三人成组、五人成班，自觉听从指挥，确保部队在任何情况下组织都不涣散。

进行战时政治动员

第一次战役前，志愿军政治部先后发出《政治动员令》和《为打好第一仗的政治动员指示》，要求各级干部“必须认真负责，组织这一战斗”，“共产党员必须冲锋在前”。第二次战役胜利后，针对轻敌、追求速胜及害怕吃苦的情绪，志愿军发布《给全体党员的一封信》和《关于西线部队再战动员指示》，要求部队发扬连续作战的精神，加紧准备再战。志愿军政治部在第三、第四、第五次战役发起前发布《政治工作指示》，强调政治工作要保证部队切实贯彻大胆迅速分割包围敌人，力求各个歼灭，迅速解决战斗的作战方针。

第五次战役后，志愿军开始执行“持久作战、积极防御”的作战方针，由运动战转入阵地战。许多人认为这是“被动挨打”，还认为“小胜利解决不了大问题”。为帮助部队转变思想，志愿军发出《对长期作战的思想教育的指示》，教育部队正确认识“打”与“谈”的关系，坚定持久作战的决心。

在后面的长期阵地对峙中，部分人产生了依赖坑道、不主动出击、消极防御、松懈麻痹的思想。志愿军的政治工作又开始有针对性地进行战备动员，牢固树立坚守阵地、积极歼敌的思想，提出“坚守阵地、积极歼敌”“英雄阵地英雄守，英雄山上出英雄”等口号，是长期阵地战中不断取得胜利的重要精神力量。

开展立功运动

入朝初期，志愿军针对敌人飞机的狂轰滥炸，提出“打落打伤敌机立功”的口号，大大鼓舞了全体指战员的士气。运动战阶段，志愿军提出“穿插立功”“孤胆作战立功”的口号，要求广大指战员敢于实施突破穿插、迂回包围，敢于孤胆作战、白天作战，敢于在敌人空军和炮兵的轰炸中坚守阵地、歼灭敌人。阵地战时期，志愿军根据“持久作战、积极防御”的方针，提出了“坚守阵地立功”“狙击杀敌立功”“筑城找窍门立功”的口号。

志愿军还针对军兵种及后勤部队的特点开展立功运动，装甲兵、摩托化炮兵部队要求把作战和保养结合起来，工程兵部队强调“劳动加智慧保证工程质量”，汽车部队提出“一要（要完成任务）、三爱（爱伤员、爱物资、爱车辆）、安全行车”。到停战为止，全军涌现出 30.2 万名功臣，494 人荣获“英雄”“模范”光荣称号，近 6000 个单位荣立集体功。朝鲜政府先后 5 次授予志愿军指战员勋章、奖章，共达 526354 枚。

打造仁义之师

志愿军在朝鲜用行动证明自己是一支纪律严明、秋毫无犯，自觉为朝鲜人民利益而战的人民军队。这一点即使是对手也无法否认。

一位韩国老兵回忆当年奉命坚守一个高地，志愿军部队数次从正面进攻未果，却一直不肯从侧翼抄小道包围。敌军很疑惑：为什么志愿军这次没有用他们经常使用的迂回战术？后来他们发现在那条迂回进攻的道路上有一户民宅，里面的人没能在开战之前撤走。志愿军不愿意把战火引向朝鲜老百姓，所以宁可牺牲自己的生命。

据统计，战争期间，志愿军在敌机轰炸等危险情况下抢救出朝鲜群众3753人，抢救房屋1426间，抢出粮食975812斤。志愿军还帮助群众耕地426740余亩、修堤坝2226条、修桥7565座等，涌现出罗盛教等一批国际主义英雄战士。志愿军对朝鲜人民的爱护和支援，赢得了朝鲜人民和政府的高度赞誉和信赖，他们称赞志愿军是“模范军队”“仁义之师”“天下少有的好军队”。

2. 什么是抗美援朝运动

成立中国人民抗美援朝总会

志愿军入朝作战后，1950年10月26日，中国人民保卫世界和平反对美国侵略委员会（简称中国人民抗美援朝总会）成立，由各民主党派、人民团体和各界代表共158人组成，由郭沫若担任主席。

此后，各大行政区也相继成立抗美援朝总分会，省、市成立抗美援朝分会。11月4日，中国共产党和各民主党派发表联合宣言，表示全力拥护全国人民的正义要求，拥护全国人民在志愿基础上为“抗美援朝、保家卫国”的神圣任务而奋斗。从此，轰轰烈烈的抗美援朝运动在中国兴起。

1951年2月—3月，中共中央和中国人民抗美援朝总会分别发出指示和通告，要求把抗美援朝运动进一步普及、深入地开展下去。6月，中国人民抗美援朝总会发出关于推行爱国公约、捐献飞机和优待烈属、军属的号召。全国各民族、各行业、各阶层，包括宗教人士、海外华侨都投入到这场运动之中。这场运动始终以爱国主义和国际主义教育为先导，同恢复国民经济和社会改造紧密结合，既轰轰烈烈又扎扎实实，持续 3 年之久，最后以抗美援朝战争的胜利而结束。

开展抗美援朝的宣传教育

1950 年 10 月 26 日，中共中央发出《关于时事宣传的指示》，要求各地广泛、深入地进行抗美援朝的宣传教育，增强反对美国侵略的决心和信心。通过多种形式的宣传教育，广大人民群众认清了美国的侵略本质、抗美援朝的必要性和重要性，提高了爱国主义和国际主义觉悟，增强了民族自尊心和自信心 。

11 月—12 月，天津、北京、上海等城市的工商业者相继举行示威游行活动，表示要团结一致，共同完成抗美援朝、保家卫国的任务。

1951 年 4 月 11 日，《人民日报》发表作家魏巍的长篇通讯《谁是最可爱的人》。毛泽东批示印发全军，周恩来赞扬这篇文章“感动了千百万读者，鼓舞了前方的战士”。新华社组建志愿军总分社，发出大量消息、通讯和述评，报道了一大批英雄儿女的事迹。中国文联成立文艺界抗美援朝宣传委员会，发出关于文艺界展开抗美援朝宣传工作的号召，广泛动员所属各协会和全国各地文艺组织，通过诗歌、杂文、戏剧、电影、报告、小说、绘画等形式广泛开展宣传。

1951 年国际劳动节前后，全国城乡举行了声势浩大的抗美援朝、反对美国武装干涉、保卫世界和平的示威游行活动，参加的群众近 2.3 亿人。全国各行各业还普遍订立爱国公约，表示“要人有人，要钱有钱，要粮有粮”，全力支援抗美援朝战争。

群众踊跃参军

在参军运动中，出现了父母送儿子、妻子送丈夫、兄弟争相入伍的动人事迹，报名参军的人数往往超过所需名额的几倍甚至十几倍。仅 1950 年 12 月、1951 年 6 月报名参加军事干部学校的青年就达 58 万余人，大大超过了所需的人数。3 年中，补入志愿军部队的新战士达 80 万余人。在抗美援朝战争期间，还有成千上万的铁路员工、汽车司机、医务人员和大批农民志愿组成抢修队、运输队、医疗队、担架队等，赴朝担任各种战地勤务工作。其中，铁路系统报名志愿赴朝的员工占中国铁路员工总数的 80%以上，赴朝服务的医务人员约 6000 人，东北地区参加担架队、运输队、民工队的农民有 74 万多人。

开展捐献武器运动

1951 年 6 月，中国人民抗美援朝总会号召各界爱国同胞，开展增加生产、增加收入，用新增加的收入购置飞机、大炮等武器，捐献给志愿军的运动。各地区和各阶层人民普遍响应这一号召，把捐献武器与增加生产、增加收入相结合，很快形成了全国规模的捐献武器运动。其中，著名豫剧演员常香玉带领豫剧团一行 59 人先后奔赴郑州、信阳、开封、新乡、长沙、广州等地义演募捐以支援抗美援朝，用义演所得购买飞机捐献给志愿军，后将此飞机命名为“香玉剧社号”，一时传为佳话。

截至 1952 年 5 月底，全国人民共捐献款项折合人民币达 5.565 亿元，相当于 3710 架战斗机的价款。这一运动对鼓舞志愿军指战员的士气起到了巨大作用。

香玉剧社號

开展生产劳动竞赛和增产节约运动

从抗美援朝运动一开始，广大工人、农民和其他劳动者就响应中国共产党的号召，贯彻自力更生、艰苦奋斗的方针，开展生产劳动竞赛。1951年10月，毛泽东在中国人民政治协商会议第一届全国委员会第三次会议上向全国人民发出“增加生产、厉行节约，以支持中国人民志愿军”的号召，这次会议决定：大规模地开展爱国增产节约运动，加强抗美援朝和国家建设的力量。

从此，国内进一步掀起增产节约运动。广大职工提出“工厂就是战场，机器就是枪炮”的口号，发挥高度的生产积极性和创造性，为国家增产和节约了大量财富。广大农村开展生产竞赛，大力增产粮食。其他行业的广大群众也都以增产节约的精神指导自己的工作和行动。增产节约运动的持续开展有力地促进了国民经济的恢复和发展，并保障了前线作战物资的需要。在抗美援朝战争期间，中国人民提供的各种作战物资共560余万吨。

开展拥军优属和慰问志愿军活动

抗美援朝战争期间，全国人民响应号召，把拥军优属工作当成重大的政治任务，并列入爱国公约之中。在农村，对烈属、军属的土地实行固定代耕制，使其土地产量达到或超过当地的平均水平。在城市，各地贯彻以组织生产和介绍就业为主、物质补助为辅的方针，使大量烈属、军属得以就业，生活有保障。逢年过节，各级政府组织群众以多种形式对烈属、军属进行慰问，并对回国治疗和休养的志愿军伤病员给予关怀和照顾。广大烈属、军属感受到党和国家的温暖，积极做好本职工作，并写信鼓励在朝鲜前线的亲人英勇杀敌、为国立功。中国人民把志愿军称为“最可爱的人”，经常向前线寄送慰问信、慰问金、慰问品。至 1951 年 5 月，捐献给志愿军和朝鲜军民的慰问袋共 77 万多个、慰问品 126 万多件。

中国人民抗美援朝总会组织了 3 次大规模的中国人民赴朝慰问团，成员由全国各条战线上的劳动模范、解放军战斗英雄及各界知名人士、文艺工作者组成，梅兰芳、马连良、周信芳、老舍和常香玉等艺术大师也纷纷赶赴前线。相声名家常宝堃等 3 名慰问团成员因遭到美军飞机轰炸而牺牲。音乐家王莘在前线亲自教战士们演奏与演唱《歌唱祖国》，极大地鼓舞了志愿军的战斗意志。广大指战员纷纷表示：“为祖国人民争光，不打败侵略者，决不回国！”抗美援朝总会还邀请志愿军归国代表团回国介绍中国人民志愿军英勇作战的事迹，激发了全国人民建设祖国和支援前线的热情。

3. 抗美援朝的总后方基地是如何发挥作用的

以东北行政区为总后方基地

1950 年 10 月 8 日，由毛泽东签署的关于组成中国人民志愿军的命令中规定：“中国人民志愿军以东北行政区为总后方基地，所有一切后方工作供应事宜，以及有关援助朝鲜同志的事务，统由东北军区司令员兼政治委员高岗同志调度指挥并负责保证之。”

东北行政区当时辖辽东、辽西、热河、吉林、松江、黑龙江 6 省[①]和沈阳、旅大（今大连）、抚顺、鞍山、本溪 5 市，总面积约为 120 万平方千

---

① 1954年原辽东省、辽西省除各有部分地区划归吉林省外，两省合为辽宁省。1955年热河省撤销，原所辖地区分别划归河北省、辽宁省和内蒙古自治区。1954年松江省撤销，并入黑龙江省。

米，人口近 4000 万。东北行政区在地理上与朝鲜紧密相连，仅一江之隔，东为图们江，西为鸭绿江，与朝鲜接壤的国境线长约 1400 千米。

历史上，中国东北地区人民与朝鲜人民一直保持着互相帮助、互相支援的传统友谊，中国少数民族之一的朝鲜族的绝大部分人口也居住在东北地区。1931 年“九一八”事变后，日本帝国主义侵略东北，以金日成为代表的朝鲜革命者参加了东北抗日联军，与中国军民共同抗击日本侵略者。在全国解放战争时期，东北地区解放最早，最先建立了东北人民政府和各级人民政权，最先消灭了匪患并完成了土地改革，为全国解放战争的胜利做出了很大贡献。1949 年东北地区开始了经济重建工作，1950 年开始进行有计划的经济建设。到 1952 年，东北地区经济规模占全国的 12.36%，工业产值占全国的 22.88%，农业产值占全国的 9.65%。

此外，苏联援助中国人民志愿军抗美援朝的装备和物资主要是从东北入境的，也是从东北出境的。因此，无论是地理位置，还是经济条件或社会环境，都决定了只能由东北地区作为抗美援朝战争的总后方基地。

有力保证了志愿军在朝鲜战场的作战

从 1950 年 10 月起，东北行政区转为战时体制，党、政、军、民各行各业全力以赴地展开抗美援朝战争的各种保障工作。中共中央东北局和东北人民政府抽调东北人民政府副主席李富春、东北局秘书长张明远等东北局 6 名委员和东北人民政府 4 名部长及一批干部，会同东北军区后勤部，加强总后方基地的领导工作。

在中共中央、中央人民政府、人民革命军事委员会的领导和支持下，东北行政区在抗美援朝战争期间主要负责以下工作：筹集、储备和组织向战场运送作战物资，与空军和其他技术兵种领导机关共同在东北地区为前方组训部队和训练新兵，收治志愿军伤病员；接收朝鲜难民，安置朝鲜人民军军事院校和战争初期新组建并进行整训的部队；在辖区内广泛动员青年参军参战，组织铁路工人、汽车司机、医务工作者组成大车队、手推车队、担架队等入朝担负战地勤务工作。

抗美援朝战争前期，东北军区组成后勤指挥所，直接组织志愿军的战场后勤保障。据不完全统计，抗美援朝战争期间，东北地区共动员 39.9 万余人参军，其中约 30 万人参加志愿军；动员 394 万余人参加战地勤务工作，其中直接赴战场服务的达 74 万余人（包括各种技术人员 4 万余人）。仅辽东、辽西、黑龙江、松江 4 省就筹备担架 1.66 万余副；辽东、辽西、吉林 3 省出动战勤大车 24.8 万辆。1951 年元旦前后，东北人民为前方捐献慰问品、慰问金等共折合东北币 2380 多亿元（约合人民币 250 多万元）。此外，东北人民还募集东北币 500 亿元（约合人民币 52.6 万元）和 2 万套衣服，以救济朝鲜难民。整个抗美援朝战争期间，总后方基地有力地保障了志愿军在朝鲜战场的作战。

4. 为什么说抗美援朝战争胜利，后勤有一半功劳

建立集中统一后勤指挥体系

关于志愿军后勤的最高评价莫过于彭德怀说的一句话，朝鲜战争胜利的勋章“授给我不合适，第一应该授给高麻子（高岗），第二应该授给洪麻子（洪学智），如果没有他们两人昼夜想尽办法支援志愿军的粮弹物资，志愿军是打不了胜仗的”。

相较于国内作战，抗美援朝战争远离中国后方，补给方式由分散就地筹措、就近保障转变为依靠国家统一供应。面对陌生的战场、陌生的

敌人、陌生的作战样式，中央军委批准并决定成立志愿军后方勤务司令部（以下简称“志后”），任命洪学智兼任司令员，同时调配诸兵种协同后勤作战。

志后除负责统一管理朝鲜境内志愿军一切后勤组织与设施，还统一指挥配属后勤系统的各部队。在志后直接指挥下，志愿军部队于 1951 年秋开始仅用 3 个月就整修公路共 2450 余千米。汽车部队的队伍也迅速壮大，由最初的 500 辆卡车增加到后来的 14 个汽车团 3700 余辆卡车。根据作战后勤保障需要，志后在兵站、分部以及财务、军需、卫勤、军械等方面做了充实和完善工作，制订了工作机制和标准，形成了统一指挥、上下衔接、前后贯通，能打、能防、能运、能供的全能保障体系，实现了由单一兵种后勤向诸兵种合成后勤的转变，提高了志愿军后勤保障能力。

实行划区供应与建制供应相结合

抗美援朝战争初期，志愿军后勤分部按照作战方向部署兵站，对部队实施跟进保障，分部与兵团后勤之间缺乏明确分工，一定程度上造成了保障工作十分被动。通过调查研究和实战摸索，志后及时对后勤供应保障体制做出调整，把祖国口岸到一线各军之间划为战役后方，划分若干供应区，取消兵团后勤，设立分部直接对各军实施供应。再把各军后勤至前沿阵地划为战术后方，由军以下部队按建制供应。这种体制符合与作战指挥体制相一致的原则，理顺了供应关系，提高了保障效率。与此同时，根据战场需要实行后勤保障战斗化，履行“指挥战斗、组织供应”的双重职能，确保志愿军后勤“在保障中进行战斗，在战斗中实施保障”，扭转了不利局面。与抗美援朝战争初期相比，志愿军车辆损失率由 42.8% 下降到 1.8%，物资损失率由 13.4% 下降到 10.8%，运输效率提高 76%。

志愿军后勤力量建设一览表

单位	1950 年 7 月	1950 年 12 月	1951 年 10 月	1952 年 1 月
分部	3 个	4 个	6 个	5 个
大站	3 个	11 个	31 个	27 个
医院	3 所	27 所	39 所	28 所
汽车团	1 个	4 个	14 个	13 个
仓库	军事、军械各 3 个			120 个
警卫团、营		2 个团又 4 个营	8 个团又 7 个营	6 个团又 6 个营
辎重团	1 个		31 个	
担架团			11 个	
人力运输团、营			8 个团又 8 个营	
汽车兵	7800 人	2.8 万人	13 万余人（直属部队）18 万余人（总兵力）	12.74 万人

坚持“千条万条，运输第一条”

抗美援朝后勤保障困难和面对的挑战超乎想象，出国部队粮食被装供应、弹药武器补充、伤病员救护治疗等都有许多难以克服的困难。在每天几千架次敌机狂轰滥炸的情况下，即使后方物资再充足，运不上去也没用，伤病员不能及时运下来，许多战士会失去宝贵生命，运输就成了主要矛盾。志后抓住运输这个关键，采取构建运输网络、组织接力运输、开展对空作战、随炸随修随通等针对性措施，在没有制空权的情况下，粉碎了敌人的“绞杀战”，奇迹般地建立起“打不烂、炸不断、冲不垮的钢铁运输线”。1951 年 1 月—1952 年 2 月的一年多时间里，敌机轰炸量增加了 7 倍，志愿军物资运输量不但没有减少，反而增加了 2 倍以上，前线官兵称赞志愿军运输线是“钢铁运输线”“生命线”。志愿军加强铁路沿线高炮力量后，仅在 1951 年 10 月就击落美军飞机 33 架、击伤 238 架。美军舰载航空兵惧怕新成川至高原铁路沿线的高炮火力，称这一地区为“死亡之谷”，拒绝对这一地区的铁路进行轰炸。战争期间，铁道兵部队共抢修、抢建、复旧铁路桥梁 2294 座次、隧道 122 座次、车站 3648 处次、通信线路 20994 千米，朝鲜铁路通车里程由 1950 年 11 月铁道兵部队入朝时的 107 千米延长到停战前的 1382 千米，有力保障了交通运输线的畅通。

走群众路线解决后勤工作难题

志后经常开“诸葛亮会”，问计于将士，总结部队特别是基层一线的有效经验做法并加以推广，克服了许多困难。例如，抗美援朝战争初期，志愿军长期吃不到蔬菜，加上昼伏夜出，很少见阳光，导致一些将士缺乏维生素，得了夜盲症。有将士得到朝鲜老百姓治疗夜盲症的土方子：一个是煮马尾松针汤喝，一个是吃小蛤蟆骨朵（蝌蚪）。洪学智发现有效后立即推广，加上供应的食品不断丰富，得夜盲症的将士数量大大减少。又如，在火车运输上采用“游击车站”和“羊拉屎式装卸”等方式，在站外“分散甩车、多点装卸”。对因紧急抢修而经不起火车头重压的铁路桥，采取“顶牛过江”的办法，即在火车过江时将车头调至列车尾部，用车头顶着较轻的车厢过桥，桥对面再用另一个车头拉走车厢。再如，在公路运输上，将成连成排运输改为分散运输跑单车，实行分段包运制，沿线挖掘隐蔽掩体，减少了人员、车辆损失，提高了运输效率。

通过抗美援朝战争的实践，中共中央、中央军委和毛泽东对于后勤现代化建设有了一个全新的认识。很多干部也深刻认识到，在现代战争中，后勤保障占有极其重要的战略地位，后勤运输线是真正的“生命线”“胜利线”“救命线”。

知识拓展

后勤保障

后勤保障是军队组织实施物资经费供应、医疗救护、装备维修、交通运输等各项专业勤务保障的总称。有战争和军队就有后勤保障。中国古代军事家孙武指出："军无辎重则亡，无粮食则亡，无委积则亡。"后勤保障的内容和方式，随着经济水平、科学技术、武器装备、军事体制、作战形式和作战规模等的发展而不断变化。

在古代，由于社会生产力水平低，战争规模较小，作战主要使用冷兵器，物资保障主要是对粮草供应及衣甲、兵器、营帐和战车、战船等的保障；卫勤保障主要是医治金创、一般疾病的防疫和治疗，以及马匹疾患治疗等；交通运输保障主要是利用人力、畜力、风力、水力等动力推动的车、船实施军事运输；装备技术保障主要是制造和维修冷兵器、简单装具、车辆和船只等。后勤保障方式有自筹自备、就地取给、屯田自给、民间供奉、取之于敌、商贩随军、后方供应等。

在近代，随着社会生产力和科学技术迅速发展，战场上士兵从冷兵器和火器并用逐步过渡到主要使用火器。欧美国家相继建立了庞大的常备军和后备军，陆军和海军有了新的发展，继而出现了炮兵、工程兵和航空兵等新的兵种，军队和战争规模不断扩大，后勤保障发生了重大变化。物资保障的种类和数量大幅度增加，弹药保障地位上升；卫勤保障从治疗金疮与折伤为主逐渐转为火器伤救治为主，预防与治疗疟疾、伤寒等传染病成为重要内容；交通运输保障成为后勤保障的中心环节，蒸汽机车和汽轮机船的相继出现与使用，使军事运输效率显著提高；装备技术保障开始转向以维护、修理火枪、火炮和机械装备为主。后勤保障方式发生了重大变革，在利用和改进传统保障方式的基础上，逐步发展为主要依托兵站、仓库组织后勤保障。

进入现代社会后，生产力和科学技术发达，军队装备了大量的技术兵器，基本实现了摩托化和机械化，并向信息化发展，出现了新的军种、兵种和专业部队，军队规模空前扩大，后勤保障发生了新的重大变化。物资供应的种类和数量空前增加，弹药消耗超过给养，油料上升为物资保障的第一位；野战救护与治疗成为卫勤保障的主要内容；公路运输迅速发展，铁路运输、水路运输、航空运输和管线运输成为重要运输方式；维修技术要求越来越高，维修范围不断扩大，技术保障地位突出。保障方式主要以后方供应为主，实行建制保障与区域保障相结合、通用保障与专用保障相结合。

知识拓展

爱国港商突破封锁以支援抗美援朝

1950 年，朝鲜内战爆发后，在美国操控下，联合国通过了对新中国实施封锁、制裁、禁运的条约。英国殖民统治下的香港跟随英国政府实施禁运。中国政府团结了一大批爱国港商，活跃在不同的贸易线上，源源不断地向中国内地输送钢板、药物，甚至武器等各类战略物资，大力支援了抗美援朝和内地经济发展。

港商邓文钊动员何贤、马万祺等港澳爱国人士及爱国侨领司徒美堂等，成立公私合营的华南企业股份有限公司，用大批桐油换回了大量工业原料、五金及交通器材等国内急需的战略物资，仅轮胎一项就进口 5000 套。随后进口了 30 万支油剂青霉素和 60 万支肺炎针剂，不仅有力地支援了前线，还帮政府打击了趁药物短缺而囤积居奇的奸商。

爱国港商霍英东也组织了颇具规模的船队，经香港、澳门运送了大量抗美援朝前线急需的黑铁皮、橡胶、轮胎、五金、药品、医疗器械、棉花、纱布等物资。抗美援朝期间，霍英东和他的船队白天联络、装货，晚上开船，几乎夜夜开工。为了避开缉查人员，霍英东的船队每次装船都必须在一个小时内完成，其紧张程度不亚于前线作战。

抗美援朝小考场

1. 抗美援朝战争期间，最深入人心的政治口号是什么？	抗美援朝、保家卫国
2. 在志愿军入朝作战的同时，中国国内掀起了什么运动？	抗美援朝运动
3. 作家魏巍发表的长篇通讯曾被毛泽东批示印发全军，这篇文章的名称是什么？	《谁是最可爱的人》
4. 在捐献武器运动中，豫剧大师常香玉为志愿军捐赠的飞机名称是什么？	香玉剧社号
5. 抗美援朝战争的总后方基地是在什么地区？	中国东北行政区

六 为什么要以三八线附近为界进行“边打边谈”

1. 为什么要进行停战谈判

战争形成相持局面

志愿军从 1950 年 10 月入朝参战后，同以美国为首的“联合国军”连续进行了 5 次战役的较量。经过第一、二次战役的较量，志愿军就将已进至鸭绿江边的“联合国军”全部打退到三八线以南地区，从而扭转了朝鲜战局。

从第三次战役开始，战争双方均形成了连贯的战线，并且在北起三八线附近，南至三七线以北地区，出现了反复拉锯的形势。从战争双方投入战场上的军事力量来看，志愿军和朝鲜人民军在兵力上与“联合国军”的比例是 1.6 ： 1，占有优势，但在武器装备上则处于极大劣势。“联合国军”虽然占有武器装备上的绝对优势，并且掌握着整个战场的制空权和制海权，但兵力不足，兵员补充困难。双方均已看到战场力量势均力敌，谁都难以迅速打败对方以结束战争。

彭德怀曾在 1951 年 9 月指出：“在朝鲜战场上，经过了五次战役，特别是第五次战役给予敌人的打击，使敌人认识到了我们的力量是不可侮的。同时也使我们认识到，在目前敌我装备悬殊的情况下，想一下打到釜山去也有困难。”

美国主动寻求停战谈判

美国发动侵朝战争一年来，伤亡达 10 多万人，运往朝鲜的军事装备达 1500 万吨，直接战争费用达 100 多亿美元，这几个数字都比其在二战中第一年的消耗多一倍。尽管付出了沉重代价，但美军并没有如愿达到目的，这是美军在入侵朝鲜之初根本没想到的。

长期的战争消耗有悖于美国及其盟国的主要战略目标。二战以后，美国全球战略的重点在欧洲，所谓“冷战”的最终目标是对付强大的苏联。但不到一年光景，美国已动用了陆军总兵力的 1/3、空军总兵力的 1/5、海军总兵力的 1/2，还有英法等欧洲盟国的兵力。杜鲁门在回忆录中说：“我从来没有忘记美国的主要敌人正端坐在克里姆林宫里，也没有忘记只要这一敌人还没有卷入战场而只在幕后拉线，我就绝不能将我们再度动员起来的力量浪费掉。”

美国也缺乏继续进行大规模长期战争的兵力。到 1951 年 6 月，“联合国军”总兵力已增加到近 70 万人，其中美军达 25.3 万人，再打下去，则增兵困难。美军的战略预备队只有在美国国内的 6 个半师和在日本的 2 个师，只能用于维护国家安全和全球战略稳定。不仅美国国内无兵可征，除南朝鲜以外的其他参战国家也不愿再派兵入朝。

由于战争相持局面的出现，美国无法估量这场战争还要打多久，还要付出多大的代价才能结束这场战争。这些情况促使美国不得不考虑朝鲜战争的出路。1951 年 5 月中旬，美国就想方设法同中国方面接触，谋求通过谈判实现“体面停战”。

中共中央确定实行“边打边谈”的方针

中共中央在决策组成中国人民志愿军入朝参战时，就对志愿军参战后朝鲜战局形势的变化估计了 3 种可能：一是在苏联提供武器装备和出动空军支援的条件下，在朝鲜境内歼灭和驱逐美国及其他侵略军，从根本解决朝鲜问题；二是在苏联提供的武器装备不能及时到达，空军也不能提供支援的情况下，在朝鲜打成僵局，甚至被迫撤回，美国对中国开战，从而影响整个国家的恢复和建设计划；三是志愿军灵活指挥，充分发挥战术特长，能够攻打除大中城市以外的地区，则可迫使美国通过谈判解决问题，但条件是美军必须首先撤至三八线以南。在这 3 种可能中，中共中央认为出现第 3 种情况的可能性最大，经过志愿军和朝鲜人民军并肩作战，使美国在朝鲜遭到严重打击和损失，使它碰得头破血流，知难而退。估计这种“可能性要大些，而这也是我们所要争取的”。

志愿军入朝参战以后，在武器装备处于绝对劣势的情况下，仅仅以步兵为主体，在少量炮兵支援下，连续进行 5 次战役，便把拥有现代化装备、实行陆海空联合的全方位立体作战的“联合国军”从鸭绿江边打回到三八线及以南地区。经过反复较量，志愿军将战线稳定在三八线附近地区，迅速打出了有利的战争形势，取得了战争的重大胜利，迫使“联合国军”由战略进攻转为战略防御，也迫使美国调整了朝鲜战争政策。

然而，敌我双方武器装备水平相差悬殊，尤其是志愿军在没有制空权和制海权的情况下，实际作战要困难很多，而且朝鲜特殊的地理环境也使志愿军的作战受到许多限制。经过连续 5 次战役的反复较量，特别是第五次战役的较量，中共中央和志愿军总部更加充分地认识到依靠志愿军的现有装备和条件，短时间内不可能迅速歼灭敌军有生力量以根本解决朝鲜问题。如果美国放弃侵占全朝鲜的企图，停止侵略，愿意以三八线为界通过谈判公平合理地解决朝鲜问题，则对中国人民和朝鲜人民更有利。

和平解决朝鲜问题是中国政府和中国人民的一贯主张，志愿军参战的

目的就在于同朝鲜军民共同打击侵略者，恢复朝鲜和平、保卫中国的安全。因此，在美国做出愿意通过谈判沿三八线一带实现停战的表示后，1951 年 6 月 3 日，毛泽东、金日成经研究决定“边打边谈”，政治斗争和军事斗争双管齐下，确定了“充分准备持久作战和争取和谈，达到结束战争”的指导方针。这个方针也得到了斯大林的赞同，他指出：“我们认为，现在停战是件好事。”

2. 为什么说志愿军在朝鲜作战受到很多限制

在作战空间和时间上受到限制

由于没有制空权和制海权，志愿军在作战空间和时间上均受到严重限制。在作战空间上，美国空军控制整个战场，可以攻击志愿军后方，其海军可以控制志愿军侧后海岸。志愿军前线和后方都要昼夜严密组织防空袭，否则就会遭到重大损失。而志愿军无力攻击美军后方和其侧后海岸。在作战时间上，美军可以全天时作战，而志愿军昼间没有行动自由，部队行动和物资运输主要靠夜间进行，导致志愿军整个作战行动受到严重限制。

攻击火力和战场机动能力弱

志愿军几乎是以一军对敌人三军，步兵在少量炮兵支援下作战，没有摩托化装备，入朝初期没有坦克参战，也严重缺乏反坦克武器，因此攻击火力和战场机动能力均很弱。志愿军可以挫败“联合国军”的进攻，但难以歼灭“联合国军”重兵集团，难以对付美军集群坦克；每次战役可以包围其 1 个师甚至几个师，但难以完成歼灭美军 1 个整团的任务（歼灭南朝鲜军则要容易得多）。当“联合国军”突围逃跑后，志愿军徒步追击，但赶不上

"联合国军"摩托化和机械化的逃跑速度，难以实现追歼以扩大战果。特别是第二、五次战役时，"联合国军"每日后撤约 30 千米，恰好是志愿军徒步追击一夜的距离。待志愿军接近后，"联合国军"再后撤 30 千米，这导致志愿军追击十分疲劳，却不能扩大歼敌战果。

第二次战役时，美第 10 军利用海空军优势从海上撤退，志愿军没有空军和海军，无法阻止美军从海上撤逃。从第三次战役开始，双方都形成了连贯的战线，志愿军虽可以突破"联合国军"的防线，但突破后实现战役上的迂回包围比较困难。在防御作战中，志愿军依托一般野战工事，难以抵抗"联合国军"的飞机、坦克、大炮的猛烈攻击，因此组织坚守防御很困难。

志愿军与美军后勤保障相差悬殊

在朝鲜战场上，志愿军与美军在后勤保障方面存在着巨大差距。拥有制空权和强大空运能力的美军主要通过运输机空运，将物资从日本以最快的速度运到朝鲜战场，尤其是伙食保障以品类齐全、营养充足而著称。美军从第二次世界大战到朝鲜战争期间开发了一系列不同种类的野战口粮，其中朝鲜战场上美军食用最多的是被称为"C 口粮"的罐装食物，即开即食，适合在前线使用。美军士兵每天每餐都可选配 2 罐口粮，常见的包括饼干、午餐肉、豆子、脱水蔬菜、水果硬糖、咖啡粉、果汁、口香糖，甚至还有香烟、火柴、针线盒和剃须刀片。

这种 C 口粮虽然营养和热量足够，却因为口味不佳而被美国士兵所嫌弃。为满足前线需求，美军后勤部门经常动用冷藏船将日本的新鲜蔬菜和水果运到朝鲜，还曾用飞机从本土阿拉斯加空运牛肉到前线。遇到感恩节、圣诞节等重要节日，美军士兵在前线还可享用火鸡大餐，每人还能分配到一小杯鸡尾酒和一块水果蛋糕。甚至美军每个步兵师都有一台冰激凌制造机，在炎热的夏季，士兵们每周都可吃上 2~4 次冰激凌。

相比之下，抗美援朝初期由于美军的空中封锁，志愿军难以保证不间断的后勤支援，只能靠随身携带的炒面来满足最低限度的伙食保障。东北军区后勤部按照 70% 小麦和 30% 大豆、玉米或高粱的成分生产加工一批样品，这些混合的粮食经炒熟、磨碎后再加入 0.5% 的食盐就成了易于保存、运输和食用的野战方便食品——炒面。这批样品运到前线后，因其既可避免做饭产生的炊烟会暴露目标，又方便食用，所以颇受指战员的欢迎。

为确保大批量向前线供应炒面，在第二次战役过程中，中共东北局召开了一个专门会议，政务院总理周恩来特地从北京赶来参加，这次会议的名称就定为“炒面煮肉会议”，周恩来指示政务院专门向东北、华北、中南各省布置任务，发动群众炒面。周恩来总理身体力行，亲自与机关的同志一起动手做炒面。

有了炒面，打仗时志愿军战士随身背着一条炒面口袋，装上 5~7 天的炒面，饥饿时抓一把炒面塞在嘴里，再吃上几口雪，就可以坚持行军作战。战士们感激炒面解决了大困难，甚至喊出了“为炒面立功”的口号。

在粉碎美军“绞杀战”后，从 1951 年 11 月开始，志愿军的粮食基本上做到了按标准供应，而且生粮和副食增多，熟粮也由炒面改为压缩饼干，并开始大量供应罐头。到 1952 年，给养物资供应全面好转，不仅粮食、副食能按标准供应，而且还有节余，志愿军将士吃饱穿暖已无问题。各部队还自己种菜、养猪以改善伙食。1953 年春节，前线广大指战员自入朝以来第一次吃上了肉馅饺子，肉类和蔬菜水果供应已不是奢望了。

运输补给能力受限

志愿军所需作战物资几乎全是从国内组织供应的，并且物资消耗量大，然而运输手段和运输工具有限，没有空中和海上运输，主要靠火车和汽车，整体运输能力很弱。志愿军没有制空权，在美国空军的轰炸封锁下，道路常遭破坏，物资和运输车辆在运输过程中常因美军飞机轰炸扫射而损失严重，物资损失率高达 30%~40%，运输严重困难，远远不能满足作战的需求，弹药只能保证重点供应。粮食供应在第一、二次战役时只能达到需求量的 25%~30%，在第四、五次战役时也只能达到需求量的 50% 左右。作战中的跟进补给能力更弱，基本只能靠部队自身携带，带几天打几天，一般只能维持 7~10 天。美军称志愿军的进攻是“礼拜攻势”。这种运输补给状况严重地影响了作战的实施，限制了战役的规模和持续作战的时间，也让志愿军被迫放弃了许多有利战机。

地理环境限制优势兵力的发挥

朝鲜半岛三面环海、南北狭长。这种地理特点限制了志愿军优势兵力的发挥，兵力多了摆不开，兵力少了则不足以完成作战任务。特别是不能像在国内战场上那样实施大规模的机动作战，也无法开辟多处战场。而这种地理特点则有利于“联合国军”发挥其海空军优势，实施登陆进攻。志愿军向南推进越远，侧后方的东西海岸就暴露得越多，海岸防御任务也越重。同时，随着运输线的延长，运输负担也会增加。

此外，在朝鲜作战无法像国内那样，有敌后游击战的配合。因此，“联合国军”没有后顾之忧，可以集中 90% 以上的兵力用于正面作战。这样就增加了志愿军正面作战的压力。

3. 中央是怎样指导停战谈判的

确定谈判策略

在美国传出愿意和谈的信息后，毛泽东立即电示正在大连休养的周恩来提前回京主持谈判工作。周恩来接到电报后，立即回京准备谈判事宜。同当时号称“世界头号强国”且从无败绩的对手进行谈判，毛泽东和周恩来都深知其中的艰难，美方“不肯承认军事失败、不愿平等协商、不顾最起码的国际法原则”的狂妄态度是可以想见的。

谈判是另一个没有硝烟的战场，需要一个能够驾驭全局的指挥员。毛泽东和周恩来指定李克农担任谈判第一线的指挥员，指派乔冠华作为李克农的助手同赴朝鲜。在李克农、乔冠华去谈判之前，周恩来做了一次全面的工作指示，并告诉他们“行于所当行，止于所不可不止”，注意把握好行和止的时机与分寸。所谓当行则行，就是面对美方的无理要求及其不断的挑衅和破坏，要给予坚决和果断的回击与斗争，因为单纯的让步只会让对方得寸进尺；所谓当止则止，就是要善于根据客观形势的变化和需要，在坚持原则的同时灵活做出适当的让步，推动停战谈判向前发展。

掌握谈判主动

在谈判之初的一个月中，毛泽东发给李克农等人的电报达 40 多封，大到谈判原则、议程的修改，小到一篇发言稿、场地的安全以及禁止车辆挂白旗等，从国格和政治的角度明确指示或一一提醒。

1951 年 7 月 26 日，当谈判触及划分军事分界线问题时，敌人以“谋求海军空军优势的补偿”为借口，拒绝以三八线为界，要志愿军后退数十千米，企图不战而获取 1.2 万平方千米的土地。这一借口遭驳斥后，美军便发动了夏秋季攻势，以逼迫朝中方面在停战谈判中做出让步。8 月 1 日，毛泽东 2 次致电李克农并转金日成、彭德怀，就坚持以三八线为军事分界线提出了具体意见。此后 2 周毛泽东又发了 3 次电报，分析敌人不愿意接受三八线的原因，提出了在对方同意目前战线的基础上调整时的前提和策略。8 月 23、24 日，毛泽东就美军飞机轰炸非武装区和谈判场所问题致电李克农“不怕他们破裂”，进而提出“让会议停开一个时期，以压下敌人的气焰”，志愿军则“应加紧准备，迎接敌人的可能进攻”，在暂停谈判的同时保持“双方联络官的来往”。25 日，毛泽东又指示：“目前需要与敌人进行几次有力的文字的宣传斗争，以观其变化。代表团的任务是谈判兼打文仗……你们应既不消极也不急躁地沉着应变，主动作战。”

最终，美方见捞不到便宜，便中断了 2 个月的谈判，在 10 月 25 日由开城转到了板门店复会。

停战谈判恢复后，朝中方在坚持原则的前提下，采取灵活战术，提出“以双方实际接触线为军事分界线，双方各向后撤两公里，以建立非军事区”的建议。11 月 27 日，历时 4 个多月，经过 18 次正式会谈、37 次专门委员会会谈、14 次参谋会谈，双方终于就军事分界线的划定达成临时协议。

既坚持原则，又讲究策略

1951 年 12 月，停战谈判进入了关于解决战俘问题的阶段。这本来不应该成为最困难的部分，但事实上却困难重重。美方竟然违背《日内瓦公约》，提出所谓的“一对一遣返”和“自愿遣返”的原则，企图利用强行“甄别”战俘的阴谋分裂朝中的团结。1952 年 6 月下旬，美方单方面将朝鲜人民军被俘的 2.7 万多人直接宣布为平民，移交给了南朝鲜政府。

与此同时，“联合国军”在谈判桌上抛出了一个带有挑拨性和诱导性的方案，提出向朝中方面遣返战俘的总数为 8.3 万，其中志愿军战俘 6400 人，并声称不可更改。面对这样的遣返人数比例相差极大的结果，毛泽东和周恩来认为这是严重挑拨中朝人民关系的行径，坚决不能同意。

在毛泽东、周恩来看来，只有以不怕破裂的决心才能迫使对方让步，绝对不能在不公平、不合理的条件下接受停战谈判的任何协议。只有做好接受和平、准备战争的两手准备，才能争取主动，才能立于不败之地。朝中代表团在会议上痛斥美方提案，指出对方的遣俘方案“是不能被接受的”，是“欺骗全世界渴望朝鲜停战的人民，并借此逃避你方拖延谈判的责任”，并再次重申了遣返双方全部战俘的提案。然而，美国方面根本无视朝中方面的要求，依然单方面宣布无期限休会，停战谈判再次陷入中断。

艾森豪威尔当选美国总统后，力图从朝鲜这个泥潭尽快脱身。随着战场形势的变化，美国也在战俘遣返问题上开始有所松动。1953 年 2 月 22 日，“联合国军”总司令克拉克致函朝中方面，提议交换病伤战俘。3 月 5 日，斯大林突然因脑出血逝世。苏联要优先解决自己内部问题，朝鲜也愿尽快实现停战。中共中央经过研究和商议后，3 月 30 日，周恩来代表中国政府发表声明，对于克拉克的提议表示肯定，并认为解决全部战俘问题从而保证停止朝鲜战争和缔结停战协定的时机已经到来。

中国人民志愿军战果统计表

毙伤俘敌	71 万余人
击毁和缴获飞机	4268 架
击毁和缴获坦克	1492 辆
击毁和缴获装甲车	92 辆
击毁和缴获汽车	7949 辆
缴获（不含击毁）各种炮	4037 门

当时，在朝鲜停战谈判中实际上只剩下一个战俘问题阻碍着朝鲜停战的实现。周恩来在声明中提议：“谈判双方应保证在停战后立即遣返其所收容的一切坚持遣返的战俘，而将其余的战俘转交中立国，以保证对他们的遣返问题的公正解决。”周恩来的声明得到了世界各国爱好和平的人民的拥护，甚至被称为“展现出自 1952 年 4 月以来解决朝鲜战争最光明的希望”。之后，停战谈判恢复，并经过一段时间的谈判，停战协定最终于 1953 年 7 月签订。

知识拓展

《朝鲜停战协定》

《朝鲜人民军最高司令官及中国人民志愿军司令员一方与联合国军总司令另一方关于朝鲜军事停战的协定》(简称《朝鲜停战协定》)是于 1953 年 7 月 27 日在朝鲜板门店签订的协定。

协定包括序言和正文 5 条 63 款，并附有《中立国遣返委员会的职权范围》和《关于停战协定的临时补充协议》。主要内容如下。

①确定一条军事分界线，双方各由此线后退 2 千米，以便在敌对军队之间建立一个非军事区作为缓冲区，以防止发生可能导致敌对行为复发的事件。

②敌对双方司令官命令并保证其控制下的一切武装力量，在停战协定签字后 12 小时起完全停止一切敌对行动；协定生效后 72 小时内，自非军事区撤出一切军事力量、供应和装备；协定生效后 10 天内，自对方在朝鲜后方与沿海岛屿及海面撤除其一切军事力量、供应与装备；停止自朝鲜境外进入增援的军事人员、作战飞机、装甲车辆、武器与弹药；双方各指派 5 名高级军官组成“军事停战委员会”，以监督该协定的实施及协商处理任何违反该协定的事件；由波兰、捷克斯洛伐克、瑞典和瑞士四国各派 1 名高级军官组成中立国监察委员会，负责对后方口岸与非军事区实施监督、观察、视察与调查。

③在停战协定生效后 60 天内，各方应将其收容下的一切坚持遣返的战俘分批直接遣返，交给他们被俘前所属一方，不得加以任何阻难；未予直接遣返的其余战俘，从其军事控制与收容下释放出来，统交中立国遣返委员会(由波兰、捷克斯洛伐克、瑞典、瑞士、印度各指派委员 1 名，印度代表担任主席和执行人)；双方成立“战俘遣返委员会”“联合红十字会小组”和“协助失所平民返乡委员会”，分别负责协调双方有关遣返战俘的一切规定及有关平民返乡的具体计划。

④向双方有关政府建议，为保证朝鲜问题的和平解决，在协定签字并生效后 3 个月内召开双方高一级的政治会议，协商从朝鲜撤出一切外国军队及和平解决朝鲜问题等。

⑤声明本停战协议的一切规定自 1953 年 7 月 27 日 22 时起生效。

抗美援朝小考场

1. 美国在冷战时期的主要对手是哪个国家？	苏联
2. 朝鲜停战谈判首先是由哪一方提出的？	美国
3. 在美方表示有停战谈判意愿后，毛泽东提出的指导方针是什么？	充分准备持久作战和争取和谈，达到结束战争
4. 为何说朝鲜地理环境不利于志愿军优势兵力展开？	朝鲜半岛三面环海、南北狭长
5. 朝中方面在朝鲜停战谈判中的第一线指挥员由谁担任？	李克农
6. 朝鲜停战谈判中最难以处理的问题是什么？	战俘遣返问题
7. 朝鲜停战时的美国总统是谁？	艾森豪威尔

七 志愿军是如何在阵地战阶段克敌制胜的

1. 阵地战阶段的策略方针是什么

持久作战、积极防御

1951 年 6 月中旬，中共中央和毛泽东确定了“充分准备持久作战和争取和谈，达到结束战争”的战争指导方针和在军事上采取“持久作战、积极防御”的作战方针，要求志愿军作战应与谈判相配合、相适应。据此，志愿军适时进行战略转变，由以运动战为主转变为以阵地战为主，由以军事斗争为主转变为军事、政治斗争“双管齐下”。

在运动战期间，志愿军各部队一般是打进攻战收获大，打防御战则总是被动挨打，因此，“宁愿攻三个山头，不愿守一个钟头”便成为部队中颇为流行的顺口溜。

第 20 兵团司令员杨成武于 1951 年 6 月上旬奉命入朝前到北京接受任务时，毛泽东对能否守住三八线一线的阵地非常关注，并对杨成武交代，“把防线稳定在三八线与三十八点五度线之间”。

1951 年 9 月，志愿军确定了“阵地攻坚与阵地防御”的作战样式。根据 1951 年夏秋季防御的经验，中央军委为志愿军制定的战略目标为“采取持久的积极防御的作战方针，坚守现在战线，大量消耗敌人，以争取战争胜利结束”。这是军事与政治的双重需要，它规定了志愿军要坚守当前战线，不轻易放弃任何一块阵地，反复争夺，打小歼灭战，持久地消耗、削弱敌人。

“零敲牛皮糖”，积小胜为大胜

毛泽东认为，抗美援朝战争的局势取决于能不能大量歼灭敌军有生力量，因此强调打歼灭战。最初，毛泽东要求能够成师或成团地歼灭敌军，然而在实战中对南朝鲜军还可做到，对美军则做不到。第五次战役后期，毛泽东致电彭德怀：“历次战役证明我军实行战略或战役性的大迂回，一次包围美军几个师，或一个整师，甚至一个整团，都难达到歼灭任务。”鉴于此，“打伪军可以实行战略或战役的大包围，打美英军则在几个月内还不要实行这种大包围，只实行战术的小包围，即每军每次只精心选择敌军一个营或略多一点为对象而全部地包围歼灭之”。这就是说对美军要打小歼灭战。

毛泽东在听取陈赓等汇报情况时曾说：“志愿军总的政治任务是轮番作战。消灭美英军九个师（几个杂牌旅、营全计在内），则可解决朝鲜问题。打法上同意彭总提出的不断轮番各个歼灭敌人的方针，即‘零敲牛皮糖’的办法，每军一次以彻底干脆歼灭敌一个营为目标。一次战役使用三四个军（也可多一点），其他部队整补待机，有机会就打。”所谓“零敲牛皮糖”的作战方针就是以小歼灭战消耗敌有生力量，经过一系列小歼灭战降低敌军士气，动摇敌军信心，然后再打大歼灭战。

后来，志愿军在整个阵地战阶段都坚定地按照战场实际情况贯彻小歼灭战方针。特别是 1952 年 9 月 18 日—10 月底，志愿军和朝鲜人民军对 60 个敌人的目标进行了 77 次进攻。志愿军根据攻占目标后能守则守，不易坚守则放弃的原则，经过反复争夺，以 1.07 万余人的伤亡代价共歼敌

2.7 万余人。这次秋季战术反击作战是以战术的动作、战役的规模，贯彻“零敲牛皮糖”、打小歼灭战指导方针最为典型的作战。

中共中央、中央军委特致电志愿军：“此种作战，在若干个被选定的战术要点上，集中我军优势的兵力、火力，采取突然动作，对成排成连成营的敌军，给以全部或大部歼灭的打击……然后依情况，对于被我攻克的据点，凡可以守住者固守之，不能守住者放弃之，保持自己的主动，准备以后的反击。此种作战方法，继续实行下去，必能制敌死命，必能迫使敌人采取妥协办法结束朝鲜战争。”

2. 如何学会打阵地战

从运动战向阵地战转变

抗美援朝战争开始进行的五次战役都是运动战，毛泽东提出“零敲牛皮糖”、打小歼灭战方针时，所设想的基本作战方式还是运动战，即把敌军诱至适当地域采取小包围的办法打歼灭战，这比阵地战更灵活。1951 年 6 月，志愿军党委曾召开扩大会议，决定今后的主要作战方式是运动防御与反击相结合，即敌人进攻时我军主动收缩，然后采取战术反击夺回阵地，经过数次反复以削弱敌军，待敌军疲弱后举行战役反攻，大量歼灭敌军。实质上这是要打拉锯战。

此时，毛泽东已经开始考虑停战谈判问题，认为志愿军必须调整作战方式以适应战场形势的变化，他在听取入朝军队汇报时指出：在全局上有个正确的指导思想，这就是准备持久作战，准备打阵地战，同时争取和谈，以达到这场战争的结束。这就是说，停战谈判开始后，作战须服从谈判，以前那种来回拉锯的作战方式便不适用了，双方都不能轻易放弃已有阵地，志愿军必须坚守已占领区域，这就需要打阵地战。

1951 年 7 月，朝鲜停战谈判正式开始。9 月上旬，彭德怀在志愿军党委扩大会议上明确提出，今后的作战样式主要是“阵地攻坚和阵地防御”，那种大踏步进退的机动战的机会将日益减少。会议还提出要重视构筑工事，要依托工事给敌人以重大杀伤。会后，彭德怀又以中朝联合司令部的名义下达指示，对构筑阵地提出了具体要求，其中强调各部队构筑重要阵地必须是隧道式的据点，特别是核心阵地，其坚固程度要能够抵御榴弹炮的轰击。此后，中朝军队开始在三八线纵深地域和东西海岸构筑坚固阵地，基本确立了依托阵地工事同美军长期作战的方针。

办法就是钻洞子

1951 年，中朝军队与美军在三八线附近形成对峙后，双方展开了长达 2 年零 1 个月的阵地战。美军在运动战中曾吃尽了志愿军近战、夜战的苦头，自以为在阵地战中能发挥其绝对制空权和强大炮兵火力的优势，叫嚣着：“让炸弹、大炮和机关枪去辩论吧！”美军对志愿军前沿阵地狂轰滥炸，总是向一个阵地发射上千乃至上万发炮弹，在前线不足 0.1 平方米的土地内，甚至可以挖出数百枚弹片。在这种高强度火力下，临时构筑的地表野战工事难以发挥战场掩蔽作用，于是坑道战就成为阵地战中志愿军保存自己、消灭敌人的最佳方案。

早在抗日战争时期，八路军就曾在华北地区修筑了不少地道，对日伪军开展了轰轰烈烈的“地道战”。因此，用挖坑道这种形式更好地防御炮火、对抗强敌，志愿军并不陌生。从 1951 年夏秋季防御战开始，志愿军战士就出于战斗防御的本能，自发在敌人进攻方向的背向山坡挖出防炮弹、防空袭的 J 形“猫耳洞”，后又将其深挖、连接，以形成 U 形小坑道，进而形成

“猫耳洞”、坑道、交通壕为一体的防御体系。敌人轰炸时战士们进去隐蔽，待敌人支援火力延伸、步兵接近时，就冲出来击杀敌人，这就是志愿军坑道工事和战术的雏形。志愿军司令部发现坑道工事的优越性后，立即推广到全军，要求各部队在防守的各要点上都必须构筑坑道工事。并在实战中不断完善坑道工事构筑，要求做到七防，即防空、防炮、防雨、防潮、防毒（疫）、防火、防洪。此后，志愿军在整个三八线前沿开展了大规模建设坑道工事运动。于 1952 年春夏季创造性建成了以坑道工事为骨干、同野战工事相结合的支撑点式的坚固防御体系。

到停战为止，志愿军构筑大小坑道总长 1250 余千米，挖掘堑壕和交通壕 6250 千米，共开挖土石方 6000 万立方米。如果按照 1 立方米排开，这些土石方能绕地球一周半，创造了人类战争史上的奇迹。在三八线阵地纵深 10 千米范围内，形成了能打能防、能机动、能生活的支撑点式防御体系。

据统计，坑道建成以前，敌人平均发射 40~60 发炮弹就能造成我军 1 人伤亡，坑道建成后，敌人平均发射 660 发炮弹才能杀伤我军 1 人。正因为我军创造性地将坑道作业发展到极致，逐渐抵消了美军的武器装备优势，使战线始终稳定在三八线附近南北地区。美国参谋长联席会议主席布莱德雷在报告中哀叹：“我们用目前这种战法，至少要用 20 年才能打到鸭绿江。”

3. 如何依托坑道进行攻防

打出攻防自如的灵活

志愿军进行的坑道战并非是单纯防御，被动挨打，而是攻防一体，利用坑道避敌锋锐、有效反击。坑道是固定的，志愿军的战术是灵活的。在进

攻中，志愿军可依托坑道作为进攻出发阵地，将兵力、兵器隐蔽集结于前沿阵地坑道，缩短冲击距离，减少冲击中的伤亡，保持攻势防御、进攻作战的突然性和主动性；在防御中，即使敌人占领表面阵地，志愿军也可依托坑道作为坚守防御工事和反击出发阵地，有效躲避敌航空兵、炮兵、装甲兵火力杀伤，还能以小分队的形式从坑道内主动出击，不断扰袭进而击退地表的敌人。

1951 年 10 月，志愿军在马良山战斗中，有个连队依托坑道工事，顽强抗击 3 昼夜，击退敌 2 个营兵力的 21 次冲击，以自身仅 26 人的伤亡，毙伤敌军 700 多人。1952 年 4 月间，美军以小部队形式向志愿军阵地攻击 60 余次，一度占领不少表面阵地，但每到夜幕降临，志愿军就会从坑道中冲出，将敌军打得仓皇撤退。从 1952 年秋开始，志愿军转为依托坑道工事主动向美军进攻。9 月—10 月，志愿军先后对敌军连、排防御阵地及个别营的防御阵地共 60 个目标发起全线战术反击，成功占领 17 处阵地。1953 年 5 月—7 月，志愿军发动了夏季反击战役，进攻目标发展到敌营、团阵地和师防御地域。在整个阵地战时期，志愿军凭借坚固的坑道堡垒，在正面约 250 千米的战线上与敌军反复争夺阵地，击退敌军无数次的进攻。中朝军队共歼灭“联合国军”72.3 万余人，是运动战阶段歼敌数量 23 万余人的 3 倍还多。

守出不胜不休的顽强

坑道战是志愿军在抗美援朝战争后期的重要战术之一，既是战术、战法上的比拼，也是战斗意志的较量。在美军持续不断的炮击和空袭下，志愿军部队经常要在黑暗的坑道内隐蔽坚守数周时间，照明、给水、给养、救护等都是极大的难题。为打赢坑道作战，志愿军展现出了强大的组织力、凝聚力、意志力。后勤运输队冒着炮火千方百计把物资送进坑道，付出了巨大的伤亡代价。强有力的思想政治工作也在精神上坚定了志愿军的战斗决心，激励着坑道部队同敌人血战到底。

在空前激烈的上甘岭战役中，美军铺天盖地的火力很快将志愿军防御高地表面的野战工事摧毁殆尽，而隐蔽在坑道中的志愿军守备部队大多安然无恙。当敌炮火射击延伸后，志愿军迅速占领阵位，阻击冲上来的敌军。为消灭地下坑道的志愿军，敌军绞尽脑汁，采取了各种毒辣手段：对坑道进行定向爆破，向坑道内投放毒气弹，用喷火器焚烧坑道入口，用铁丝网堵塞通气口，组织火力封锁坑道口，等。但这些手段在英勇无畏的志愿军和完备的坑道工事面前全无效果。在极端艰苦的条件下，坑道中的志愿军部队始终保持着坚定的战斗意志和高昂的士气，积极主动地从坑道出击。有时敌人挖开口子，志愿军夜间就顺着敌人开掘的口子出其不意地杀出去。在上甘岭战役中，志愿军部队依托 597.9 高地和 537.7 高地北山上的 48 条主要坑道，打退敌军 670 多次大小进攻，歼敌 2.5 万余人，最终守住了阵地。参与策划进攻的美军高级将领不得不承认，即使用原子弹也无法打破志愿军的防御，“这次作战是失败的”。

知识拓展

阵地战

阵地战是军队依托阵地的地形和工事进行防御或对据守阵地之敌实施进攻的作战形式，包括坚固阵地攻防作战、野战阵地攻防作战、城市阵地攻防作战和海岸、海岛阵地攻防作战等。阵地战通过防守或夺取阵地实现作战目的，其主要特点是作战线相对稳定，准备充分，各种保障比较严密。在抗美援朝战争后期，中国人民志愿军采取“持久作战、积极防御”的方针，在全部正面战线上建立了由主要防御地带、第二防御地带和战役、战略预备队集结地区组成的大纵深防御，阵地编成、火力和障碍物配系更加完善，形成了以坑道为骨干的支撑点式的纵深防御体系。在进行阵地防御作战的同时，进行了战术和战役规模的阵地进攻战，发展了组织实施以坑道为骨干的宽正面、大纵深阵地防御和突破敌坚固防线的阵地战理论。

知识拓展

坑道战

坑道战是依托坑道工事进行坚守防御的作战方法，是劣势装备的军队进行山地防御作战的一种有效手段，目的是保存兵力，杀伤、消耗、钳制敌人，稳定防御态势。在 1951 年的朝鲜战场山地防御作战中，装备处于劣势的志愿军通过总结前期与“联合国军”的交战经验，结合战场地形创造出了坑道战的作战形式。该战法有效地削弱了敌人空炮火力的杀伤力，较好地保存了志愿军的有生力量，杀伤、消耗、钳制“联合国军”，稳定了防御态势，赢得了战场的主动权。志愿军的坑道作战把阵地战提高到了一个新水平，丰富了军事学术的内容。

抗美援朝小考场

1. 在阵地战阶段，志愿军的战争指导方针是什么？	充分准备持久作战和争取和谈，达到结束战争
2. 在阵地战阶段，志愿军在军事上的作战方针是什么？	持久作战、积极防御
3. 在作战指导上提出的“零敲牛皮糖”的主要含义是什么？	打小歼灭战，积小胜为大胜
4. 抗美援朝阵地战中，志愿军保存有生力量的战场最优方案是什么？	坑道战
5. 志愿军大约在什么时候创造性地建成了以坑道工事为骨干、同野战工事相结合的支撑点式的坚固防御体系？	1952 年春夏季
6. 在抗美援朝战争中，坑道作战的经典战役是哪个战役？	上甘岭战役

八 志愿军怎样“边打边建”，在战争中壮大自己

1. 中国是如何争取苏联援助武器的

苏联并非无偿援助

1950 年 10 月 2 日，毛泽东起草了一封给斯大林的电报，其中说中国同意出兵援朝，并开列了所需武器弹药的清单。10 月 5 日，中共中央做出了出兵援朝的决定，毛泽东在 10 月 8 日又起草了志愿军向朝鲜出动的命令。同日，周恩来和林彪根据中央要求飞往苏联，主要是争取苏联如约出动空军支援，同时也要求苏联提供武器装备。

尽管斯大林限定苏联空军只能到鸭绿江边，不能配合志愿军入朝参战，但中共中央经重新研究后还是决定参战。毛泽东还特别谈到苏联提供军火的问题，并询问是租借还是用钱买。在二战期间，美国根据《租借法案》向盟国提供了近 500 亿美元的武器和物资。除英国出让部分岛屿作为代价，其余在战争中用过的武器因多已损毁或破旧，战后就无须归还原物，而是折算低价索要钱款，如美国提供给苏联的 109 亿美元的租借物资要求归还 26 亿美元，苏联只象征性地还了 3 亿美元。毛泽东提出“租借”概念，恰恰是援引二战时的例子，这样在抗美援朝作战时用过的苏联武器到战后就不用还太多钱款。

但是，斯大林从减少苏联的经济负担出发，不同意采取租借武器的形式，而是让外交部部长莫洛托夫与周恩来商谈时提出采用信用贷款方式，即中国不需要抵押品，还与不还全凭信用。斯大林又考虑到中国经济极为困难，自己不能不负担一些费用，因此提出援助的武器钱款由双方“共同负担”，即苏联提供的武器“按成本价五折”记账算贷款，年利为 1%。

苏联的这种贷款条件，如果按照国与国之间的正常贸易，还算是优惠的，不过按其所宣传的“无私的国际主义”来衡量却不够格。当时毛泽东、周恩来等领导人看到苏联的这一底线是能争取到的极限条件，虽心中不满，但还是表示接受。

苏联援助武器多是旧品

1950 年 10 月下旬，志愿军入朝参战，使用的还是过去缴获的多国旧式武器。因国内没有相应的弹药生产线，中央军委只好要求各地“打扫仓库底子”，即清理遗留的子弹、炮弹并分类，然后送往朝鲜前线。开战仅几个月后，库存就快消耗光了，入朝部队只有全面换苏式装备才能保障弹药供应。

第一次战役刚结束，11 月 7 日，毛泽东在给斯大林的电报中请求抓紧供应 36 个师的武器装备。看到志愿军在朝鲜的胜利和作战之艰苦，苏联马上表示会尽快满足要求。11 月 9 日，斯大林回电毛泽东说，1951 年 1 月—2 月可将这些装备如数运到中国。第二批入朝的部队即志愿军第 19 兵团和第 3 兵团便能换苏式装备，后来在第五次战役中参战。苏联提供的这些武器装备仍要按“出厂价五折”记账。

志愿军步兵武器装备需求清单

武器种类	步枪	自动步枪	轻机枪	重机枪	飞行员用手枪	TNT 炸药
需求数量	14 万支	2.6 万支	7000 挺	2000 挺	1000 支	1000 吨
配套弹药数量	5800 万发	8000 万发	3700 万发	2000 万发	10 万发	

苏联提供的这 36 个师的轻武器基本都是二战期间甚至二战前研制的武器，属于苏军正在淘汰的旧装备。苏军现役装备的一些新式武器，如 SKS 半自动步枪（即后来中国仿制的 56 式半自动步枪）、AK47 突击步枪（即后来中国仿制的 56 式冲锋枪）等都没有提供。

当时苏联已开始装备 RPG-2 火箭筒（即后来中国仿制的 56 式 40 火箭筒），却因怕在朝鲜战场上被美军缴获造成泄密，也没有供给志愿军。苏联 1955 年才向中国提供这一武器，彭德怀看到后感慨，在朝鲜时如果有这种武器，打坦克就省力多了。由于缺少反坦克武器，国内兵工厂只好仿制美国二战时提供给国民党军的火箭筒和 57、75 毫米口径的无后坐力炮，供部队应急使用，因为这毕竟比用炸药包、爆破筒打坦克的效果好得多。

提供了部分较先进的武器

苏联对华提供的战机还算是比较先进的。1950 年，苏联空军已大量装备了米格-15 战斗机，来华部队也以此种机型为主力机。苏联一开始对中国出售的只有米格-9 战斗机。该机性能差，作战半径只有 200 千米左右，如果离机场远一点进行空战，很快就会耗尽燃油，因此只能用于城市和要点防空。中国空军认为其性能大大落后于美国的 F-84 战斗机，苏联顾问还大发雷霆，责怪中国竟敢怀疑苏联生产的武器的优越性。

斯大林得知此事引发了中国方面的不满后，从中苏两国关系和国际战略全局考虑马上表示了歉意，并于 1951 年 5 月 22 日和 26 日先后两次致电毛泽东：由于过去苏联没能向中国提供更多的米格-15 战斗机，并估计米格-9 战斗机能敌得过美国最好的喷气式战斗机，现在看这是一个错误，这一错误的责任应由苏联来负。作为纠正这一错误的行动，苏联向中国无偿提供 372 架米格-15 战斗机（只收运输费），用以改装中国 6 个米格-9 歼击机师，第一批 72 架于 6 月 20 日前运抵中国，其余 300 架分批于 8 月底运抵中国。

接受步兵装备时，由于中方得到的基本都是二战时用过的旧货，还要付半价，志愿军中许多人都有不满情绪。这些情况反映到斯大林那里后，使这位考虑国际战略全局的苏联领导人不能不有所顾虑。1951 年，中国从苏联订购的步兵师装备运到后，因朝鲜人民军的装备不足，中国将其中 3 个师的装备无偿地送给朝鲜人民军。斯大林得知此事后也决定再无偿送给中国 20 个步兵师的装备。

抗美援朝战争期间，苏联总共对华提供了 60 个步兵师的装备，中方除无偿赠送给朝鲜人民军 3 个师的装备外，另 1 个师的装备拆散给各军事院校作为训练用，因此志愿军实际装备了 56 个师。国内兵工厂又按苏联提供的图纸和生产技术，仿造出 50 式冲锋枪、53 式步骑枪、53 式重机枪等轻武器，共生产了 50 个轻步兵师的装备。至朝鲜停战时，人民解放军的 106 个步兵师、16 个炮兵师、2 个坦克师和 23 个航空兵师基本完成了苏式装备的换装，在新中国历史上第一次实现了武器装备的标准化、系列化。

在 2 年 9 个月的抗美援朝战争中，苏联提供的武器装备多数是按“出厂价五折”赊账（约有 1/5 算是无偿赠送），共记下 30 亿元人民币欠债（当时折合 13 亿美元）。20 世纪 50 年代，中国共欠下苏联 59 亿人民币的债务，其中一半以上是用于抗美援朝战争的军火贷款。这些贷款及利息至 1965 年中国全部提前还清。

2. 为什么说“边打边建”促成了军队现代化

确立“边打边建”的指导思想

抗美援朝战争期间，根据中央“边打边建”的指导思想，中国人民解放军按现代战争的要求实行了新编制，建立了诸多新技术兵种，并在朝鲜战场上实现了由单一兵种作战向诸兵种联合作战的历史性转变。

抗美援朝战争堪称人民解放军进行现代战争的一部百科全书，装备了苏制武器后的各军兵种部队（海军除外）多数以志愿军名义陆续到朝鲜战场轮战。此时由于新中国还没有建设起工业基础，武器主要从苏联进口，部队通过战争实践锻炼很快有效地掌握了这些新装备。

毛泽东对此曾高兴地说：“我们过去打了二十几年仗，从来没有空军，现在空军也有了，高射炮、大炮、坦克都有了。”当然，在抗美援朝的战争中志愿军新技术兵种的装备和技术仍然与美军有相当大的差距，但也能形成一定的抗衡力量，这又为后来中国军事的快速发展打下了良好的基础。

技术军兵种越打越强

在中国人民解放军的行列中，空军是年轻的军种之一。在朝鲜战场上，中美空军展开了激烈的空中对抗，成为当时世界上最高水平的空战。新中国的空军从几乎一无所有到迅速壮大，抗美援朝战争前只有 1 个旅和 150 架飞机，战后却有了 23 个师和 3000 多架飞机。就连当时的对手，美国空军参谋长范登堡也不禁对此发出感叹："几乎在一夜之间，共产党中国就成为世界上主要的空军强国之一。"

在抗美援朝的空中战斗中，诞生了许多初出茅庐的空军英雄，比如张积慧、赵宝桐和韩德彩等人。他们刚刚学会驾驶飞机，凭借"空中拼刺刀"的无畏勇气，就敢和经历过二战磨炼的美国空军"王牌"飞行员亮剑对决。当然，仅仅有勇气是不够的，空军又提出了"勇敢加技术等于战斗力"的口号，要求指战员苦练技术，并不断提高装备水平，这样才能在空战中打败自称"世界第一"的美国空军。张积慧在战斗机上只飞行了 100 来个小时，却能一举击落飞行 3000 多小时的美军"空中英雄"乔治 · 戴维斯，靠的就是"勇敢加技术"。

抗美援朝战争期间，人民解放军陆军的炮兵迅速发展壮大，地炮师的数量发展到了 17 个，高炮师发展到了 8 个，其中大部分都入朝参战了。到战争后期，志愿军的炮兵已经成为了"战争之神"，发挥了重要的作用。在抗美援朝的最后一战金城战役中，志愿军的炮火密度已经超过敌军。据美国军方统计，在朝鲜战争中，美军伤亡的 62%是炮火造成的，32%是枪弹造成的，4%是地雷造成的。从此以后，炮兵成为人民解放军陆军中最重要的兵种，炮兵火力完全取代步兵火力，成为全军地面火力的绝对主力，这也是中国军队走向现代化的重要标志。

停战协定签订后，"联合国军"总司令、美军上将克拉克曾在文章中无奈地承认："我们的失败在于敌人仍然没有被击败，并且甚至比以前更为强大及更具有威胁性。我说更为强大的意思，是指中国的陆军已学会如何打近代的陆地战争。"通过战火的考验，新中国变得越来越强大，打出了一个仅次于美苏、世界第三强的空军，打出了一个强大的炮兵，并且开始全面发展装甲兵和其他技术兵种。彭德怀曾总结说，短短几年做到了旧中国几十年都没做到的事情。

战时有效恢复发展经济

抗美援朝战争是由中国共产党领导的，党和人民政府展现出了强大的组织动员能力，在进行战争的同时，通过“边打边建”的方式使国内经济得到了有效的恢复和发展。可以说，旧中国进行的战争是越打越弱，而新中国进行的正义之战是越打越强。

在抗美援朝这将近3年的时间里，新中国工农业生产总值增长73.8%，年均增长20%以上，国家财政收入增长1.8倍以上。1950—1953年，名义国内生产总值总计达到1700亿元人民币，抗美援朝所支出的62亿元费用只占同期国内生产总值的约3.6%。由于国内开展了增产节约和人民捐献飞机、大炮等运动，在大力支援前线的同时，国内仍能有充裕财力保障经济建设。1952年底，国民经济已恢复到历史最高水平。从1950年到1953年，国防和经济实力都得到快速增长，成功地实现了“边打、边稳、边建”的目标。

因此，由于党和政府领导有方、决策明智、行动高效有力，进行这场强加于新中国的战争并未招致巨大的经济损失，也没有打断经济恢复的进程，而且还得到了另一个巨大收益——赢得了苏联的经济援助。斯大林表示中国出动志愿军在朝鲜作战，也是对苏联的援助，从而改变了过去援华不积极的态度，同意援建中国141个大型工程项目，加上后来增加的15个项目，构成了著名的“156项重点工程”。在接下来不到10年的时间里，中国能用100亿元人民币的投入就建立起配套的基础工业和国防工业基础，是与抗美援朝带来的巨大收益分不开的。

各地区捐款金额及可购战斗机数量

（1952 年 5 月底统计）

地区	捐款金额（亿元，旧币）	可购战斗机数（架）
东北	6525.08	435
华北	6795.06	453
华东	21540.67	1436
中南	13357.84	890.5
西南	4471.22	298
西北	1365.41	91
其他	1597.5	106.5
合计	55652.78	3710

3. 为什么说“抗美援朝战争是个大学校”

从轮番作战到轮换作战

早在志愿军入朝前，中央军委就考虑过入朝的部队实行轮番作战的问题，当时的着重点主要是想解决部队战时的休整和补充问题。1951 年 3 月 1 日，毛泽东为中央军委起草的决定规定了“采取轮番作战的方针”，准备以 27 个军分 3 番在朝鲜轮番作战。每番派 9 个军作战，作战 2 个月左右进行休整，由下一番作战部队接替。

刚开始的具体轮番作战计划是正在朝鲜作战的 9 个军 30 个师编为第一番志愿军。第 19 兵团 3 个军、第 20 兵团 2 个军、二野第一批北调的 3 个军、从事湘西剿匪的第 47 军，总共 9 个军 27 个师编为第二番志愿军。第 13 兵团 4 个军与二野在 3 月第二次向北开进的 3 个军及董其武兵团的 2 个军，共 9 个军 27 个师作为第三番志愿军。第二番志愿军计划于 2 月、3 月先后开抵朝鲜，之后第一番志愿军部队逐步撤出，进行整补。第三番志愿军在需要时与第二番志愿军换班。第五次战役就是以计划的第二番作战部队为主进行的。

1951 年春，志愿军副司令员邓华又建议，在朝鲜与高度现代化装备之敌作战有许多新的经验，全国军队和干部轮流实战学习很有必要，在朝部队视情况每满 10 个月至 1 年则大换一次。同年 6 月，中央军委和志愿军司令部也设想过这种方式。这时的主要着眼点已变为在现代化战争中锻炼全军兵员和干部。志愿军实行轮番作战，部队在出国前均进行临战整训，调整和补充干部和兵员，改善武器装备，加强临战训练，改善供应运输，加强后勤机构，努力准备空军、装甲兵参战。

1951 年 7 月停战谈判开始后，中央军委曾估计战争有可能很快停止，未再制订轮战的具体计划，但计划的第三番作战部队大部分先后入朝参战。1952 年以后，双方对峙的战线已基本稳定，战争呈现长期持续而又难以扩大的迹象。同年 5 月，根据周恩来的指示，人民解放军代总参谋长聂荣臻、副总参谋长粟裕经与彭德怀商定，制订了国内已改换苏式装备的部队全面入朝轮战的计划。

8 月 4 日，毛泽东在政协常委会上谈到这一计划时说："抗美援朝战争是个大学校，这个演习比办军事学校好。如果明年再打一年，全部陆军都可以轮流去训练一回。"于是，自 1952 年 8 月起，中央军委开始安排全国的陆军部队（除地方部队和公安部队外）入朝轮换作战。

先后轮换 2 批共 7 个军

根据中央军委的轮战计划，从 1952 年 9 月起共分 3 期轮换作战。然而，因准备反登陆作战和实现停战，只轮换了 2 期就停止执行。

在部队轮换过程中，入朝各军都先派一定数量的各级指挥员提前 2 个月左右到被轮换各军参观学习，熟悉情况。被轮换部队交防后都留一定数量的各级指挥员为新入朝部队充当两三个月的顾问。在轮换的同时，战场上志愿军也组织一定数量的第一线部队与第二线部队换防。

志愿军步兵部队轮换作战情况一览表

轮换批次	轮换入朝部队	计划轮换归国部队	实际归国部队
第一期轮换	第 23 军、第 24 军、第 46 军 （1952 年 9 月 5 日—15 日）	第 20 军、第 27 军、第 42 军	第 20 军、第 27 军、第 42 军 （1952 年 10 月）
第二期轮换	第 1 军、第 16 军、第 21 军、第 54 军 （1952 年 12 月—1953 年 5 月）	第 38 军、第 39 军、第 40 军	

与此同时，空军、防空部队、炮兵、装甲兵和工程兵等军兵种也以师或团为单位开始进行轮换。1952 年 12 月，总参谋部和总政治部又制订了兵团以上高级指挥机关和指挥员的轮换计划，并于 1953 年初开始实行。

在整个抗美援朝战争中，人民解放军共有 25 个野战军、75 个步兵师、16 个炮兵师、10 个坦克团、10 个铁道兵师、12 个空军师参战，加上战斗保障部队和后勤保障部队，共计有 200 多万官兵参加过抗美援朝战争。

轮番作战与轮换作战的主要区别：轮番作战主要是解决作战和战场休整之间的矛盾，保持持续进攻的作战力量；轮换作战除有上述作用外，其侧重点主要是锻炼部队，使更多的部队、指挥机关和指挥员获得现代化作战经验。采取轮番和轮换相结合的做法，既解决了作战部队的休整和保持作战力量的问题，也使更多的部队、指挥机关和指挥员得到了实战锻炼的机会，积累了现代战争条件下作战和指挥的经验。这在抗美援朝战争中是一项重要且具有战略远见的措施。

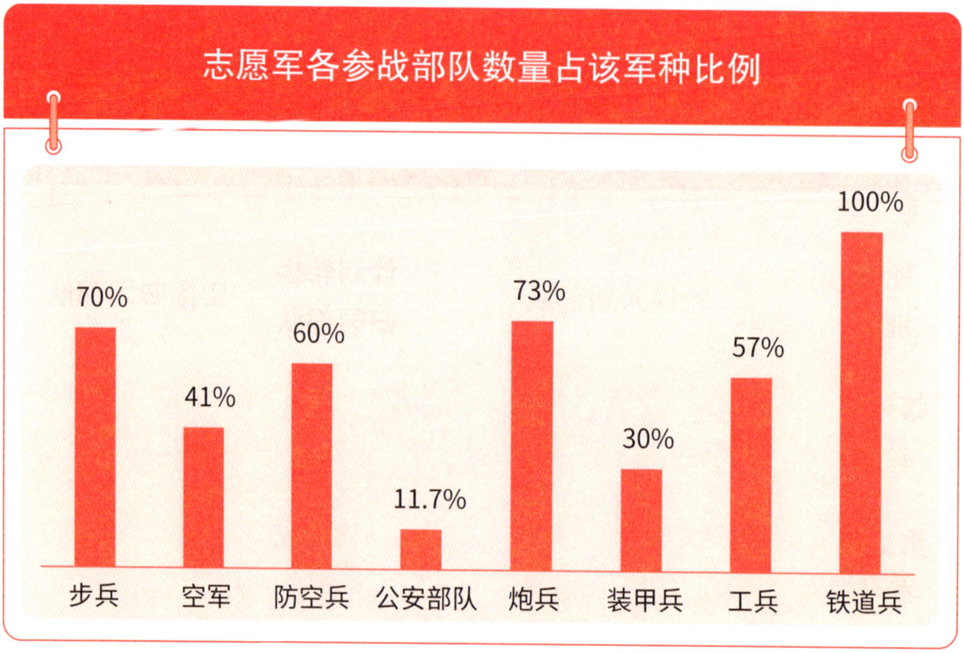

知识拓展

156 项重点工程

156 项重点工程是新中国第一个五年计划时期从苏联与其他东欧国家引进的 156 项重点工矿业基本建设项目。该工程始于 20 世纪 50 年代初，持续约 10 年，直至中苏关系破裂为止。156 项重点工程奠定了新中国初步工业化的部门经济基础。以这些项目为核心，以 900 多个限额以上大中型项目配套为重点，新中国初步建起了完备的工业经济体系。20 世纪 50 年代任财政经济委员会主任与国家基本建设委员会主任的陈云说：“第一个五年计划中的一百五十六项，那确实是援助，表现了苏联工人阶级和苏联人民对我们的情谊。”

抗美援朝小考场

1. 抗美援朝期间，苏联援助中国武器装备的性质是什么？	有偿援助
2. 整个抗美援朝战争期间，苏联共援助中国多少个步兵师的装备？	60 个
3. 苏联援助中国空军比较先进的战机是什么？	米格-15 战斗机
4. 抗美援朝战争的苏联军火贷款及利息，中国到什么时候全部还清了？	1965 年
5. 抗美援朝战争后期，志愿军什么兵种已成为发挥重要作用的“战争之神”？	炮兵
6. 毛泽东所说的“抗美援朝战争是个大学校”，主要指的是什么？	采取轮番和轮换相结合的做法，使更多的部队得到了实战锻炼，积累了现代战争条件下作战和指挥的经验

九 什么是伟大抗美援朝精神

1. 祖国和人民利益高于一切、为了祖国和民族的尊严而奋不顾身的爱国主义精神

爱国，是人类最深层、最持久的情感。爱国主义是凝聚民族力量的伟大旗帜，是志愿军指战员入朝参战，克服一切困难，战胜一切敌人的巨大精神动力。历时 2 年 9 个月的抗美援朝战争，中国共产党、全国人民和全体志愿军指战员展现出巨大的爱国主义精神，将“祖国和人民的利益高于一切”作为行动准则，打出了国威军威，使刚成立不久的新中国能够傲然屹立于世界东方。

这是一场帝国主义侵略者强迫中国人民打的战争。朝鲜内战后，美国政府自以为天下无敌，悍然派兵干涉朝鲜，并且不听中国政府的警告，越过三八线，逼近中朝边界的鸭绿江和图们江，出动飞机轰炸我国东北边境的城乡，把战火烧到了新中国的土地上，严重威胁我国的安全和发展。面对美国这个世界第一强国，刚成立的新中国要打抗美援朝这样的大仗，将会非常不容易。然而，为了保卫祖国和人民的利益、为了维护祖国和民族的尊严，毛泽东以非凡的气魄和胆略做出了抗美援朝、保家卫国的历史性决策。周恩来曾在全国政协常务委员会上解释了为什么要出兵：“朝鲜如果被美帝国主义压倒，我国东北就无法安定。”“如果美帝打到鸭绿江边，我们怎么能安定生

产？”抗美援朝战争是一场正义之战、爱国之战。全国各地的人民都积极响应党和政府的号召，开展了轰轰烈烈的抗美援朝运动，掀起了参军参战、支援前线的热潮。全国人民的爱国热情形成了团结一致、克服困难和打败敌人的强大力量。在朝鲜战场的防空洞里，战地记者看到志愿军战士吃一口炒面，就一口雪，向他发问：“不觉得苦吗？”志愿军战士说：“怎么能不觉得！咱们革命军队又不是个怪物！我在这里吃雪，正是为了我们祖国的人民不吃雪。”这就是抗美援朝精神的根本——伟大的爱国主义精神在这场战争中的真实写照。

2. 英勇顽强、舍生忘死的革命英雄主义精神

革命英雄主义精神是我军以弱胜强，战胜一切敌人的法宝，是抗美援朝精神的精髓。志愿军指战员在异常残酷的战争中，扬长避短，以灵活机动的战略战术和一往无前的英雄气概，进行了艰苦卓绝的作战。整个战争中涌现出许多英雄人物，以杨根思、黄继光、邱少云等为代表的 30 多万名英雄功臣和近 6000 个功臣集体，谱写了惊天地、泣鬼神的雄壮史诗，树立了革命英雄主义的不朽丰碑。

天地英雄气，千秋尚凛然。在抗美援朝战争期间，志愿军将士表现出横刀立马、敢于亮剑、赴汤蹈火、舍生忘死的大无畏勇气，与美帝国主义进行了一次次惊心动魄的激烈战斗。上甘岭战役是整个抗美援朝战争的缩影。在这场战役中，官兵们拉响手雷、手榴弹等与敌人同归于尽，舍身炸敌地堡、堵敌军枪眼等成为普遍现象。敌人先后投入了 6 万多人，发射了 190 万发炮弹，投掷了 5000 多枚炸弹，最终付出了 2.5 万余人伤亡和被俘的沉重代价。虽然山头被削低了 2 米，但志愿军官兵仍坚守阵地，与敌人拼死战斗直到胜利的最后一刻。在朝鲜战场上，志愿军将士以“钢少气多”力

克“钢多气少”，冒着枪林弹雨勇敢冲锋，顶着狂轰滥炸坚守阵地，用胸膛堵枪眼，以身躯作人梯，抱起炸药包、手握爆破筒冲入敌群，忍饥受冻绝不退缩，烈火烧身岿然不动，敢于“空中拼刺刀”……松骨峰、长津湖、清川江、上甘岭、黄草岭等这些耳熟能详的山岭河湖，寄托着遥远而清晰的英雄记忆，闪耀着革命英雄主义精神的光芒。毛泽东在总结抗美援朝战争经验时曾说：“志愿军打败美军，靠的是一股气。”这个“气”就是伟大抗美援朝精神的精髓——革命英雄主义精神。

3. 不畏艰难困苦、始终保持高昂士气的革命乐观主义精神

革命乐观主义精神是我们党和人民军队的光荣传统，也是抗美援朝精神的特质。在近代中国历史上，中华民族曾遇到过许多困难和挑战，但正是这种乐观主义精神，使我们在逆境中总能够逢山开路、遇水搭桥，不断前行，最终战胜了千难万险。在朝鲜战场上，志愿军指战员发扬了这一光荣传统，面对世界上最强大的敌人，在极为艰难困苦的条件下，以苦为荣，顽强拼搏，经受住了生命极限的考验，始终保持高昂的斗志和敢打必胜的乐观信念。

在第二次战役的长津湖之战中，朝鲜半岛正遭遇 50 年一遇的严寒，气温急剧下降，志愿军部队来不及休整换装，在药品、粮食及油料等物资十分短缺的情况下投身天寒地冻的战场，不少战士被冻坏手脚、耳鼻，即使冻死在阵地上也仍然保持着战斗姿势。在防御作战中，面对艰苦卓绝的坑道环境和敌人空前猛烈的炮火，志愿军全体指战员始终不畏艰难困苦、始终保持高昂士气，正如战士们在信中所写：“我们的心情永远都是愉快的，丝毫没有因被敌人封锁和闭塞坑道口而感到恐惧，因为我们知道任务的重大，明确战斗的意义，坚信我们一定胜利。”他们在战斗间隙讲故事、演小戏，互相激

励斗志；他们还给自己的防炮洞起名叫“立功洞”“胜利洞”；除夕夜敌机在空中投下一颗颗照明弹，战士们笑说是“敌人给我们送来了节日礼花”……正是因为有这种革命乐观主义精神，敌人猛烈的炮火、凶残的进攻都不能摧毁志愿军将士必胜的信念；正是因为有这种革命乐观主义精神，冰天雪地、艰难困苦都不能熄灭志愿军将士心中热烈的火焰。无论环境多艰苦、敌人多凶残，志愿军将士始终以昂扬的斗志、坚定的自信和乐观的精神去克服一切艰难险阻，去赢得最后的胜利。

4. 为完成祖国和人民赋予的使命、慷慨奉献自己一切的革命忠诚精神

中国人民解放军是中国共产党绝对领导下的人民军队，同时也是始终保持着革命本色的军队。忠诚造就了这支军队对党的赤胆忠心，造就了这支军队为党和人民冲锋陷阵的坚定意志。只有对党和人民怀有无比忠诚的感情，才能拥有无畏的勇气和坚决的行动。这种忠诚是毫无保留、彻底且纯粹的，就像一颗赤诚的心，不掺任何杂质，没有任何水分。

在中央政治局会议反复讨论出兵和挂帅问题时，彭德怀认识到出兵援朝是完全必要的，坚定地支持了毛泽东的意见。在我军缺乏直接与美军进行大规模战场较量的经验，也没有任何一位将帅有必胜把握的情况下，彭德怀毅然受命出征。这种勇于担当、将个人荣辱置于度外的精神就是革命忠诚精神的典型体现。当中国共产党和政府决策出兵抗美援朝后，一声令下，志愿军将士毅然决然奔赴战场，他们把对党、对祖国、对人民的无限忠诚，化作“决不畏惧，决不动摇”的战斗意志，化作“为了整体，为了胜利”的大局观念，化作“党指到哪里，就冲到哪里”的果敢行动，视死如归、无怨无悔，为完成党和人民赋予的使命不惜奉献自己的一切。在血与火的战场上，

志愿军战士邱少云以“纪律重于生命、以生命诠释忠诚”的伟大壮举，兑现了自己在入党志愿书中写下的铮铮誓言：“为了世界革命，为了战斗的胜利，我愿意献出自己的一切！”革命忠诚精神是抗美援朝精神的底蕴，志愿军将士敢于在战场上牺牲自己的一切，正是缘于对国家和民族、对党和人民的革命忠诚。这种精神体现了志愿军将士对国家和人民的深深热爱和敬仰，是他们前赴后继、不畏生死的动力源泉。

5. 为了人类和平与正义事业而奋斗的国际主义精神

中华民族是爱好和平的民族，中国人民是爱好和平的人民。和衷共济、和合共生是中华民族的历史基因。中国共产党始终为人民谋幸福，同时也为人类进步事业而努力奋斗。朝鲜和中国唇齿相依，抗美援朝不仅是为了中国的安全和发展，也是为了朝鲜人民的民族解放和维护世界的和平。国际主义精神是抗美援朝精神的有机组成，是激励中国人民志愿军奔赴朝鲜战场的重要动因。

抗美援朝战争，是第二次世界大战结束后第一场大规模的国际性局部战争。美国政府妄图以“联合国军”的名义为干涉朝鲜正名，然而其纠集的国家再多，也无法洗刷掉帝国主义侵略者的历史罪名。面对以美军为首的多国侵略军，志愿军高举保卫和平、反抗侵略的正义旗帜，不仅拼来了山河无恙、家国安宁，更充分展示了中国人民维护世界和平的坚定决心。在这场正义之战中，志愿军将士前赴后继，舍生忘死，19.7 万余名英雄儿女献出了宝贵生命，昭示了伟大的国际主义精神。在地冻天寒的朝鲜战场后方，志愿军战士罗盛教 3 次潜入冰冷的水底，救出朝鲜少年，自己却壮烈牺牲。朝鲜人民在罗盛教牺牲的地方竖起木牌，上面写着：“生长在朝鲜土地上的人民，都应该永远记着我们的友人罗盛教同志，学习他伟大的国际主义精神。”

在朝鲜人民心中，中国人民志愿军是“真正的国际主义的军队”。伟大的抗美援朝战争，是保卫和平、反抗侵略的正义之战，是高扬着国际主义精神旗帜的正义之战。这场正义之战既激发了志愿军将士愈战愈勇的旺盛斗志，也得到全世界爱好和平的国家和人民的同情、支持和援助，最终赢得了战争胜利，维护了亚洲以及世界的和平。

知识拓展

中国共产党人的精神谱系

2021 年 7 月 1 日，中共中央总书记、国家主席、中央军委主席习近平在庆祝中国共产党成立 100 周年大会上提出伟大建党精神：坚持真理、坚守理想，践行初心、担当使命，不怕牺牲、英勇斗争，对党忠诚、不负人民。

习近平总书记强调，一百年来，中国共产党弘扬伟大建党精神，在长期奋斗中构建起中国共产党人的精神谱系，锤炼出鲜明的政治品格。

一百年来，党以伟大建党精神为源头，构筑起了中国共产党人的精神谱系，包括井冈山精神、苏区精神、长征精神、遵义会议精神、延安精神、抗战精神、红岩精神、西柏坡精神、抗美援朝精神、“两弹一星”精神、改革开放精神、特区精神、抗洪精神、抗震救灾精神、脱贫攻坚精神、抗疫精神等伟大精神。

2021 年 9 月，党中央批准了中央宣传部梳理的第一批纳入中国共产党人精神谱系的伟大精神，在中华人民共和国成立 72 周年之际予以发布。

抗美援朝小考场

1. 抗美援朝精神的根本是什么?	爱国主义精神
2. 抗美援朝精神的精髓是什么?	革命英雄主义精神
3. 抗美援朝精神的特质是什么?	革命乐观主义精神
4. 抗美援朝精神的底蕴是什么?	革命忠诚精神
5. 中华民族的历史基因是什么?	和衷共济、和合共生
6. 抗美援朝精神中的国际主义精神有什么内涵?	是抗美援朝精神的有机组成,是激励中国人民志愿军奔赴朝鲜战场的重要动因

十 为什么说抗美援朝战争是立国之战

1. 打出了长期的和平环境

经此一战，中国人民粉碎了侵略者陈兵国门、进而将新中国扼杀在摇篮之中的图谋，可谓“打得一拳开，免得百拳来”，帝国主义再也不敢作出武力进犯新中国的尝试，新中国真正站稳了脚跟。这一战，拼来了山河无恙、家国安宁，充分展示了中国人民不畏强暴的钢铁意志！

——《习近平：在纪念中国人民志愿军抗美援朝出国作战 70 周年大会上的讲话》

中共中央决策出兵抗美援朝时，中国尚有一部分地区的基层政权没有建立，新生政权也亟待巩固。各种反动势力大肆进行各种破坏活动，围攻基层人民政权，扰乱社会秩序。中共中央决策出兵抗美援朝的同时，把剿匪、土地改革和镇压反革命工作作为与抗美援朝战争相联系的中心工作，既为支援战争，也为恢复国内建设而提供稳固的社会基础。至 1953 年底，基本肃清了反革命，剿灭了匪患，基本完成了土地改革，从而巩固了新生的人民民主政权，安定了社会秩序。

抗美援朝极大地激发了中国人民的爱国热情和生产建设积极性，至 1952 年底，按时完成了原定的国民经济恢复计划，取得了新中国经济建设第一个具有战略意义的重大胜利。更重要的是，抗美援朝将以美国为首的

"联合国军"从鸭绿江边打回了三八线，拔去了"插在中国头上的一把刀"，避免了在中国国土上与侵略者对抗的可能，也为解决台湾问题争取到一些余地。正如毛泽东所说，如果不将美国侵略者打回三八线，"前线仍在鸭绿江和图们江，沈阳、鞍山、抚顺这些地方的人民就不能安心生产"。这一战的胜利，使新中国赢得了长期相对稳定的和平环境，不仅保证了第一个五年计划顺利完成，也为此后国家的全面建设提供了重要保障。

1964 年 8 月，面对美国扩大侵越战争的图谋，中国政府严正声明："美国对越南民主共和国的侵犯，就是对中国的侵犯，中国人民绝不会坐视不救。"直到战争结束，美国始终认真对待中国发出的警告，未敢派出地面部队越过北纬 17 度线进攻越南北部，以免重蹈朝鲜战争的覆辙。

2. 振奋了中国人民的精气神

经此一战，中国人民彻底扫除了近代以来任人宰割、仰人鼻息的百年耻辱，彻底扔掉了"东亚病夫"的帽子，中国人民真正扬眉吐气了。这一战，打出了中国人民的精气神，充分展示了中国人民万众一心的顽强品格！

——《习近平：在纪念中国人民志愿军抗美援朝出国作战 70 周年大会上的讲话》

中国从晚清到民国，政府懦弱、民心涣散。志愿军在朝鲜战场上打败了当时世界头号强国的军队，强烈地振奋了中华民族，提高了中国人民的政治觉悟，增强了中国人民的自尊心和自信心，激发了中国人民的爱国热情。华人、华侨纷纷回国参加新中国建设。中国人民真正团结和凝聚在中国共产党的领导之下，聚拢成了有力的拳头。正如毛泽东所说："帝国主义侵略者应当懂得：现在中国人民已经组织起来了，是惹不得的。如果惹翻了，是不好办的。"带有美国陆军官方性质的《朝鲜战争中的美国陆军》一书在评论朝鲜战争时说："从中国人在整个朝鲜战争期间所展现出来的强大攻势和防御能力中，美国及其盟国已经清楚地看出，中国已成为一个可怕的敌人，它再也不是第二次世界大战时的那个软弱无能的国家了。"

3. 奠定了新中国的大国地位

经此一战，中国人民打败了侵略者，震动了全世界，奠定了新中国在亚洲和国际事务中的重要地位，彰显了新中国的大国地位。这一战，让全世界对中国刮目相看，充分展示了中国人民维护世界和平的坚定决心！

——《习近平：在纪念中国人民志愿军抗美援朝出国作战70周年大会上的讲话》

1840年以来的近代中国，除抗日战争取得反法西斯侵略的胜利外，只有遭受帝国主义列强侵略和掠夺的挨打受欺史，只有任人宰割、割地赔款的屈辱史。随着新中国的成立，中国人民站起来了。但全世界真正正视中国人民是志愿军在抗美援朝战争中打败了不可一世的美国军队，使中国的国际威望空前提高，使全世界的人们，包括中国的朋友甚至敌人，都对新中国刮目相看。抗美援朝战争打出了新中国的国威、军威，彻底改变了中国在国际上软弱可欺的形象。中国人民百余年来受帝国主义列强任意欺侮、宰割的历史已经一去不复返了，中国得以真正屹立于世界民族之林。1971年中国恢复在联合国的合法席位，1972年美国总统理查德·尼克松访华，1979年美国同中国建立外交关系等都与中国人民取得抗美援朝战争胜利这个重要因素紧密相连。

4. 促进了国防和军队现代化

经此一战，人民军队在战争中学习战争，愈战愈勇，越打越强，取得了重要军事经验，实现了由单一军种向诸军兵种合成军队转变，极大促进了国防和军队现代化。这一战，人民军队战斗力威震世界，充分展示了敢打必胜的血性铁骨！

——《习近平：在纪念中国人民志愿军抗美援朝出国作战70周年大会上的讲话》

新中国成立后不久，党中央和毛泽东就把“现代化”作为军队建设的总方针和总任务。然而，当时的实际情况是人民军队距离现代化很远。由于国内工业水平极为落后，没有现代兵工制造能力，武器装备较差。抗美援朝战争期间，志愿军和国内部队陆续进行苏式现代武器的大换装，武器装备的现代化水平获得了全面提升。此外，中国的各大兵工企业也利用苏联提供的技术蓝图成功地制造了第一批国产现代武器装备，新中国的国防工业开始初具规模。

经过抗美援朝战争的丰富实践，志愿军取得了同现代化装备强敌实际作战的经验，充分展示了“敢打必胜”的血性铁骨。毛泽东曾说：“最重要的是，我们的军队受到了锻炼，兵勇、干智。”1961年9月24日，毛泽东在会见英国蒙哥马利元帅时说：“我们的志愿军跟美国在朝鲜打了三年，美国军队是有战斗力的，它的武器好。但是，只要不打原子弹、氢弹，打常规武器，我们是有办法对付的。”

5. 重塑了亚洲乃至世界的战略格局

经此一战，第二次世界大战结束后亚洲乃至世界的战略格局得到深刻塑造，全世界被压迫民族和人民争取民族独立和人民解放的正义事业受到极大鼓舞，有力推动了世界和平与人类进步事业。它用铁一般的事实告诉世人，任何一个国家、任何一支军队，不论多么强大，如果站在世界发展潮流的对立面，恃强凌弱、倒行逆施、侵略扩张，必然会碰得头破血流。这一战，再次证明正义必定战胜强权，和平发展是不可阻挡的历史潮流！

——《习近平：在纪念中国人民志愿军抗美援朝出国作战70周年大会上的讲话》

经过这场战争，中国打破了美国不可战胜的神话。美国在两次世界大战中发了横财，是二战后资本主义世界经济和军事最强大的国家。它到处侵略扩张，恃强称霸，不可一世。然而，美国在中国人民和朝鲜人民的共同反击中，碰得头破血流，遭到了惨重的失败。这场战争是美国自独立战争以来历史上第一次没有胜利班师的战争。

毛泽东说：“这一次，我们摸了一下美国军队的底。对美国军队，如果不接触它，就会怕它。我们跟它打了三十三个月，把它的底摸熟了。美帝国主义并不可怕，就是那么一回事。”彭德怀也说，这场战争“雄辩地证明：西方侵略者几百年来只要在东方一个海岸上架起几尊大炮就可霸占一个国家的时代是一去不复返了，今天的任何帝国主义的侵略都是可以依靠人民的力量击败的”。这对中国具有“恐美病”的人是极大的教育，对世界人民反对帝国主义和殖民主义的民族解放斗争也是极大的鼓舞。

尾　声

2023 年，朝鲜半岛的战火已熄灭了 70 年，回望这段血与火的光辉岁月，我们会发现抗美援朝战争的历史价值不仅没有随着时光的流逝而消减，反而经过岁月的洗礼和积淀变得愈加清晰而厚重。

纪念伟大的抗美援朝战争不是为了延续对抗，而是汲取历史智慧，以发展的思维和长远的眼光来观察现实、思考未来。

1950 年 10 月，中国人民志愿军雄赳赳、气昂昂，跨过鸭绿江。无数年轻的将士在接下来的 2 年 9 个月中出生入死、浴血奋战，终于在 1953 年 7 月赢得了抗美援朝战争的伟大胜利。在停战的当晚，战地上升起了一轮明月，无数志愿军指战员冲出阵地，敲锣打鼓欢庆这来之不易的胜利，为和平流下了喜悦的泪水。

这是一场世界级的胜利，不仅从根本上改变了 100 多年来中国落后挨打的地位，而且为新中国赢得了 70 多年的和平。

今天的中国已成为世界第二大经济体，成为全球经济的“火车头”和“压舱石”。今天的中国要向这个伟大的胜利致敬，是这个伟大的胜利奠定了坚实的和平基石。

抗美援朝时的新中国才刚刚成立一年，和世界头号强国——美国相比，双方在国力、军力和经济实力等方面都存在巨大的差距。

2021 年，中国的国内生产总值为 17.7 万亿美元，相当于美国的 77.1%，而增速远高于美国。据世界钢铁协会统计，2021 年中国的钢产量达到

10.3 亿吨，自 1996 年以来已经连续 26 年保持世界钢产量第一。美国 2021 年的钢产量只有 8500 万吨，还不及中国宝武钢铁集团 1.2 亿吨年产量，仅约为中国的 1/12。

今天的中国“钢”更多了，“气”也更足，更有力量和信心去捍卫国家的主权、安全、发展利益，维护世界和平正义！

当年，先辈用血肉之躯拼来了山河无恙。如今，共和国的飞行员以国防现代化的最新成就“双 20”列阵长空，告慰革命先烈。英雄归故里。2022 年 9 月，中国迎接第 9 批在韩的中国人民志愿军烈士归国，由空军运-20 运输机执行任务，专机进入中国领空后，中国空军 2 架歼-20 战斗机为烈士护航伴飞，向烈士致以最崇高的敬意！

今天，世界正经历百年未有之大变局，中国面临着更加复杂、严峻的挑战。和平与发展是先辈们流血牺牲留给后世的宝贵财富，我们要倍加珍惜，坚决捍卫。

从历史走向未来，从胜利走向胜利。70 多年前，新生的中华人民共和国就能以大无畏的气概战胜世界头号强国。70 多年后，中国更能够从容应对和战胜任何风险挑战，无惧一切惊涛骇浪，向着实现中华民族伟大复兴的中国梦奋勇前进！

主要参考文献

[1] 胡海波 . 朝鲜战争影像全纪录 [M] . 广州：广东经济出版社，2016.

[2] 军事科学院军事历史研究所 . 抗美援朝战争史：第3版 [M] . 北京：军事科学出版社，2014.

[3] 李峰 . 决战朝鲜：白金珍藏插图版 [M] . 北京：现代出版社，2017.

[4] 齐德学 . 巨人的较量：抗美援朝高层决策 [M] . 沈阳：辽宁人民出版社，2017.

[5] 齐德学 . 你不了解的抗美援朝战争 [M] . 沈阳：辽宁人民出版社，2017.

[6] 徐焰 . 毛泽东与抗美援朝战争 [M] . 北京：解放军出版社，2003.

[7] 徐焰 . 抗美援朝时引进苏联武器及债务问题的真相 [J] . 兵器知识，2020 (10)：14–19.

[8] 廖国良 . 毛泽东军事思想发展史 [M] . 北京：解放军出版社，2002.

图表来源

1. 中国军事百科全书编审委员会，《中国军事百科全书（第二版）》，中国大百科全书出版社 2014 年版。

2. 军事科学院军事历史研究部，《抗美援朝战争史（全三卷）》，军事科学出版社 2000 年版。

3.《中国人民解放军军史》编写组，《中国人民解放军军史（第四卷）》，军事科学出版社 2011 年版。

4. 中国人民革命军事博物馆，《纪念中国人民志愿军抗美援朝出国作战七十周年主题展览》，2020 年。